SUTEKI NA ORIGAMI ZAKKA
Supervised by kazuo kobayashi

누구나 쉽게 따라하는

종이접기 소품

고바야시 카즈오 감수 | **조경자** 옮김

미호

Introduction

종이 한 장을 정성껏 접고 자르면 평면적이었던 종이가 어느새 입체적으로 아름답게 변신해요. 종이의 색상이나 디자인, 종류, 질감에 따라 분위기가 무궁무진하게 변화하는 과정을 지켜보는 것도 즐거움 중의 하나입니다. 나만의 개성을 맘껏 표현할 수 있는 종이접기 소품은 친구나 아는 사람들에게 나의 마음을 전하는 메신저 역할도 합니다.

이 책에서는 종이접기를 통해 만들 수 있는 리빙소품, 키친소품, 스테이셔너리를 소개합니다. 주변에서 흔히 볼 수 있는 종이로 홈 파티를 위한 실내 장식이나 테이블 코디네이트를 위한 소품을 만들어 생활 속에서 종이접기의 즐거움을 느껴보세요.

고바야시 카즈오

Contents

Living

Kitchen

Stationery

종이 접기의 기본

종이접기에 필요한 도구

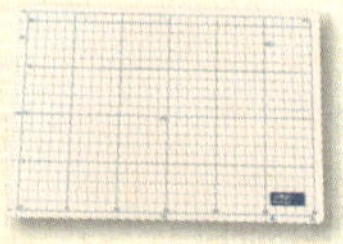

커팅 매트

커터로 종이를 자를 때 테이블 등에 흠집이 나지 않도록 커팅 매트를 깔아둡니다. 눈금이 그려진 커팅 매트는 종이의 길이를 잴 때 유용하고 종이도 쉽게 자를 수 있어요.

자

길이를 재거나 종이를 자를 때 편리합니다. 30cm 정도의 자를 사용하는 것이 좋아요.

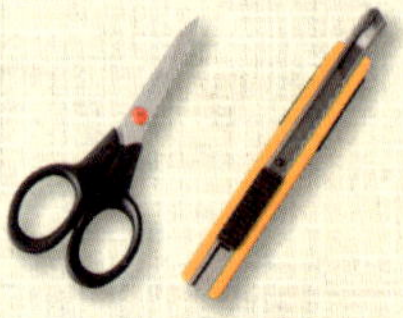

가위, 커터

종이를 자를 때 사용합니다. 다치지 않도록 주의해서 사용하세요.

스패튤라

두꺼운 종이를 자르거나 점선을 만들 때 사용하면 편리합니다.

모서리 각이나 가장자리가 비뚤어지지 않도록 한 손으로 종이를 누르고 스패튤라를 사용해서 접으세요.

이 책에 나오는 종이접기 용어

안쪽으로 접는 선

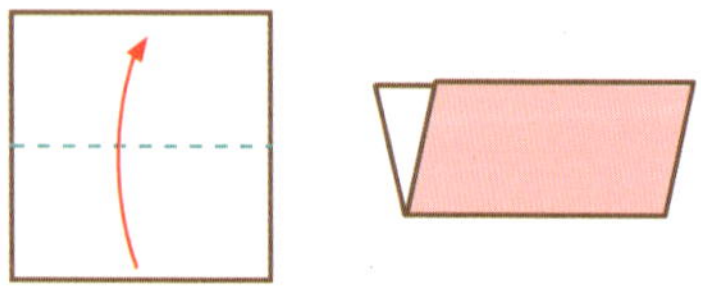

접은 후의 선이 안쪽으로 오도록 접는 방법이에요.

바깥으로 접는 선

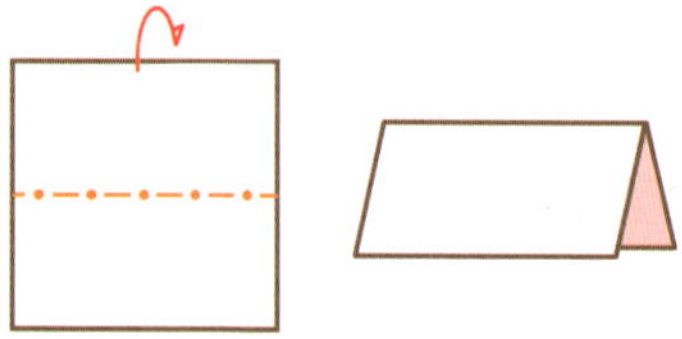

접은 후의 선이 바깥쪽으로 가도록 접는 방법이에요.

점선을 만든다

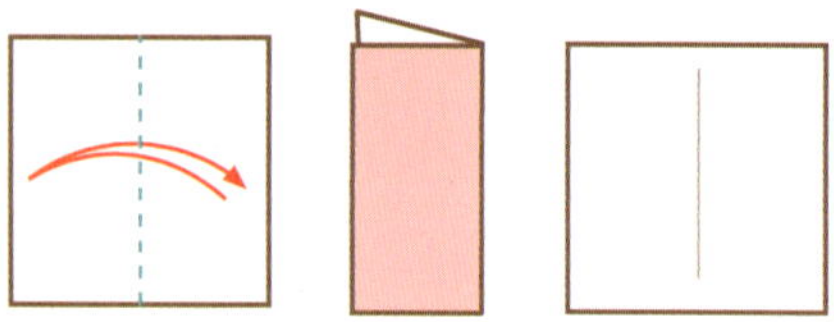

접은 다음 종이를 펼쳐 원래의 모양으로 되돌아가요.

방향을 바꾼다

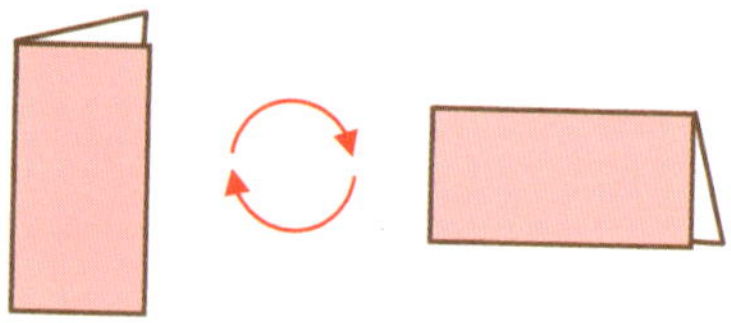

종이접기의 방향을 바꿔요.

뒤집는다

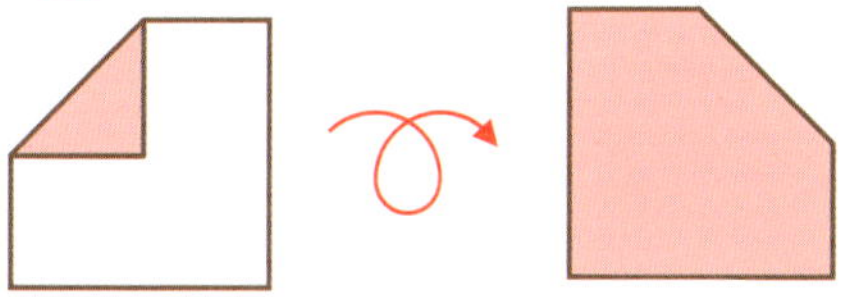

좌우로 뒤집어요. 위아래는 바뀌지 않아요.

그림을 확대한다

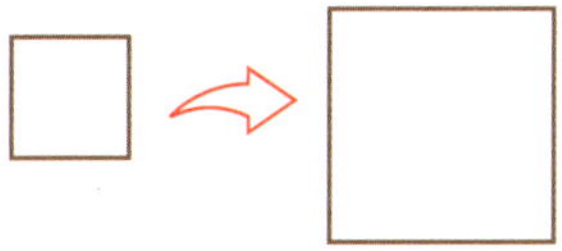

종이접기 도안을 보기 쉽도록 확대해요.

사이를 벌린다

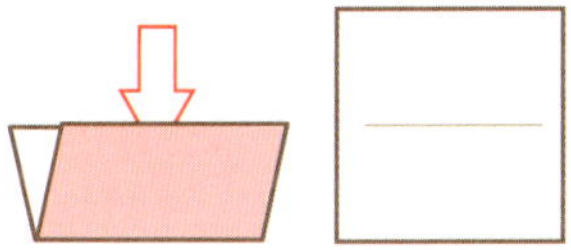

종이접기를 접은 상태에서 펼쳐요.

단 접기

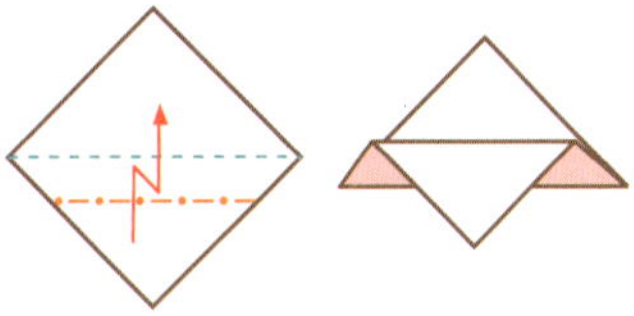

파란색 선처럼 안쪽으로 접고,
붉은색 선처럼 바깥으로 접어 단을 만들어요.

자른다

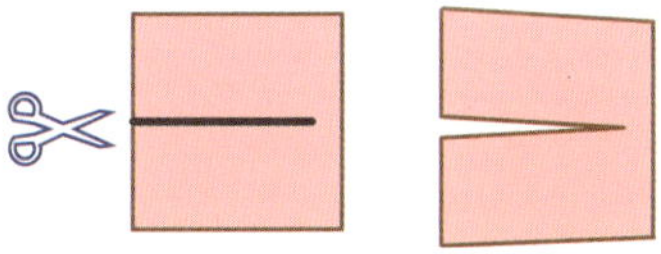

자르는 선을 넣거나 잘라요.

말아 접기

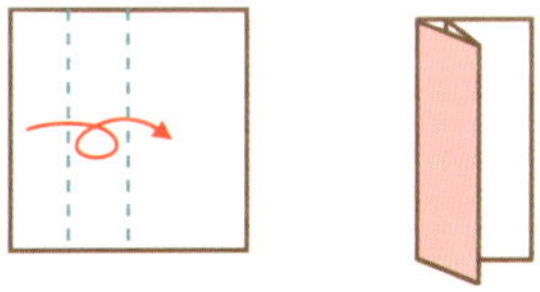

안쪽으로 접는 것을 반복하여 만 것처럼 접어요.

안으로 끼워 넣는다

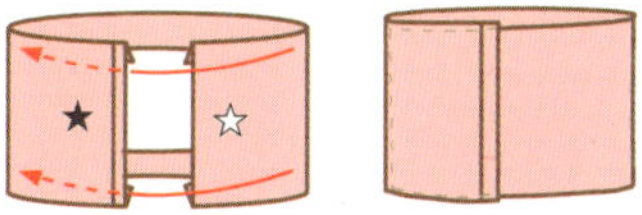

☆을 ★ 속으로 끼워 넣어요.

등분한다

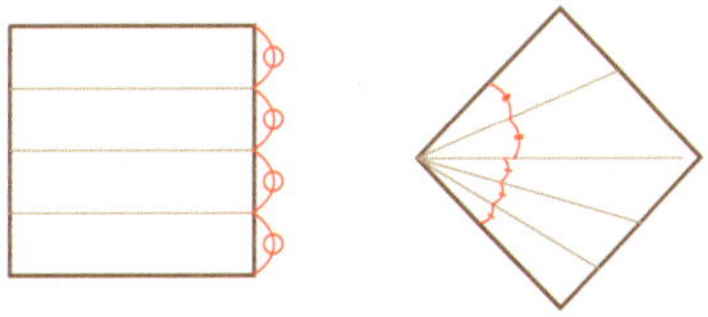

각도나 가장자리를 등분하여 접어요.

이 책에 나오는 접는 법

사각 접기

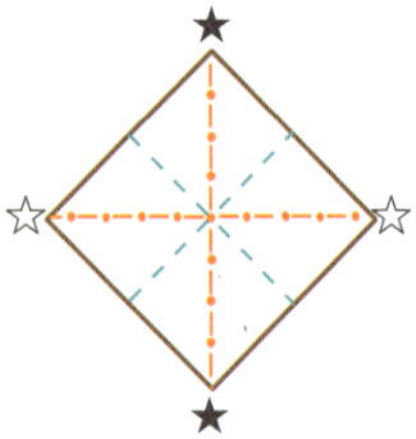

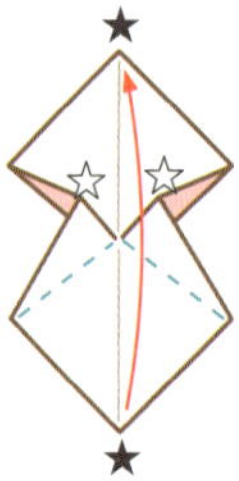

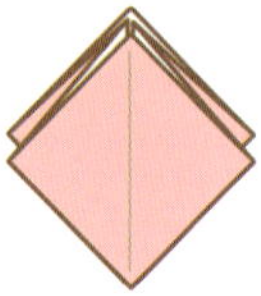

점선을 만들어 ☆과 ☆, ★과 ★이 꼭 들어 맞도록 접어요.

완성.

삼각 접기

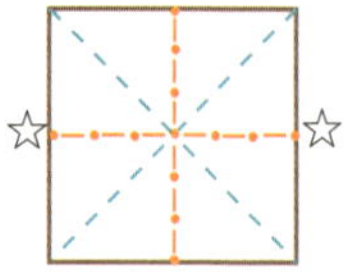

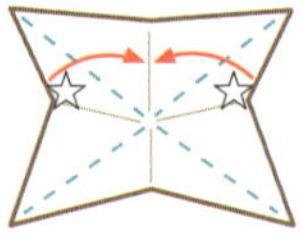

점선을 만들어 ☆과 ☆이 꼭 들어맞도록 접어요.

완성.

방석 접기

중심을 체크해요.

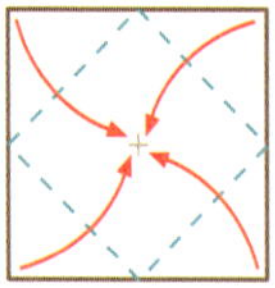

네 모서리가 중심으로 향하도록 접어요.

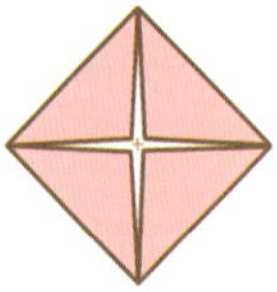

완성.

안으로 접기

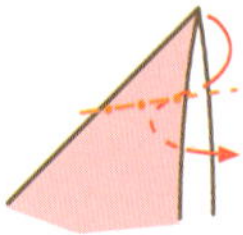

점선을 만들어요

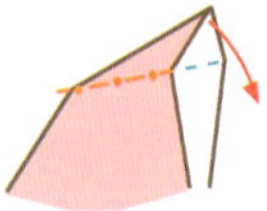

안쪽으로 들어가도록 접어요.

완성.

덮어 접기

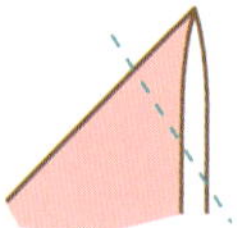

점선을 만들어요.

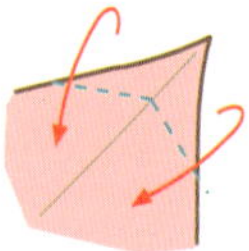

덮듯이 접어요.

완성.

Living

오랫동안 시간을 보내는 공간에
마음에 드는 소품이 있다면 기분도 한결 밝아질 거예요.
이번 파트에서는 생활을 편리하게 만들어주는 소품 만드는 법을 소개합니다.
스타일리시한 생활소품을 간단하게 만들 수 있어요.

※ 완성된 사이즈는 표준입니다. 사용하는 종이의 두께나 접는 폭에 따라 사이즈가 달라집니다.

1 스트라이프 종이 액자 만드는 법 P28

마음에 드는 사진을 종이 액자 안에 담아두세요.
사진의 분위기에 어울리는 종이를 골라 접기만 하면 간단하게 만들 수 있어요!

2 체크무늬 포토 스탠드 만드는 법 P29

레트로 스타일의 무늬가 포인트랍니다.
스탠드 타입이라 원하는 공간에 세워 장식할 수 있어요.

3 휴대용 티슈 커버 만드는 법 P30

매일 들고 다니는 휴대용 티슈.
귀여운 커버에 넣으면 기분이 좋아져요.

4 멋스러운 티슈 케이스

만드는 법 P32

박스 티슈는 그대로 사용하면 좀 심심하므로
스타일리시한 케이스에 넣어 드레스 업하세요!

5 깔끔하게 정리하는 리모컨 박스

만드는 법 P34

여기저기 굴러다니기 일쑤인 리모컨은 이제부터
전용 보관함에 넣어두세요.
리모컨 박스를 손수건으로 덮어두면 눈에 잘 띄지도 않아요.

6 종이로 만든 장난감 상자

만드는 법 P35

종이 박스에 마음에 드는 종이를 붙여 만들었어요.
수납까지 넉넉하게 할 수 있는 편리한 장난감 상자가 완성됐어요.

Polyspun
#60
DMC
Metallic Thread
STAR MERCERIZED
do not use for sewing
FLAVIGNY
Violet
Pastilles
Elster Stopfzwirn

7
컬렉션 박스 만드는 법 P36

생활에 필요한 소중한 물건들을 종류별로 정리하여
작은 박스에 담아 보관하세요.

8
레이스 페이퍼로 만든 월 포켓 만드는 법 P38

벽에 걸어두는 수납 포켓.
메모지 등의 자잘한 물건을 넣어두기에 편리해요.

9 레이스 페이퍼로 만든 방향제 보관함

만드는 법 P40

레이스 페이퍼의 무늬를 살려 만들었어요.
근사한 기프트 박스로도 사용할 수 있어요.

10 칸막이 액세서리 케이스

만드는 법 P41

벽지로 만든 센스 만점의 스타일리시한 케이스.
칸막이로 나뉘어 있어 목걸이나 반지 등의 액세서리를 종류별로 수납할 수 있어요.

11 간편한 쓰레기통 만드는 법 P43

종이 한 장만 있으면 뚝딱 만들 수 있어요.
너무 귀엽고 예쁜 쓰레기통이라 쓰레기를 버리기 아까울 정도예요.

12 뚜껑 달린 쓰레기통

만드는 법 P44

상자를 간편한 쓰레기통으로 꾸며봤어요.
쓰레기통과 뚜껑이 다른 종이로 만들면 색다른 느낌이에요.

13 장미 램프 셰이드

만드는 법 P45

다크 컬러의 종이 장미를 전구에 부착한 램프.
창이나 거울에 설치해도 근사하고, 코너 장식에도 좋아요.

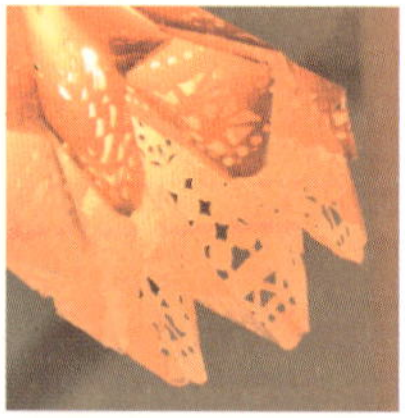

14 백합꽃 램프 셰이드 만드는 법 P46

레이스 페이퍼로 만든 백합꽃이 로맨틱한 분위기를 자아냅니다.
부드러운 불빛이 방 안에 그윽하게 퍼져요.

15 연꽃 발 만드는 법 P47

방 입구에 장식하면 큐트한 분위기에 마음까지 밝아져요.
보드라운 종이로 연꽃을 만들면 더욱 포근한 분위기를 연출할 수 있어요.

16

벽걸이용 꽃 커버

만드는 법 P49

작은 꽃송이를 포켓에 넣어 장식해보세요.
심플했던 벽이 사랑스럽게 변신해요.

17 종이 화분 받침

만드는 법 P50

화분 받침을 근사한 종이로 포장했어요.
창가에 올려두어도 좋고, 누군가에게 선물해도 좋아요.

1

Photo P10

스트라이프 종이 액자

종이 종류	스트라이프 무늬 종이
종이 사이즈	[큰 것] 가로 24cm×세로 24cm, [작은 것] 가로 17cm×세로 17cm

[큰 것] 가로 17cm×세로 17cm
[작은 것] 가로 12cm×세로 12cm

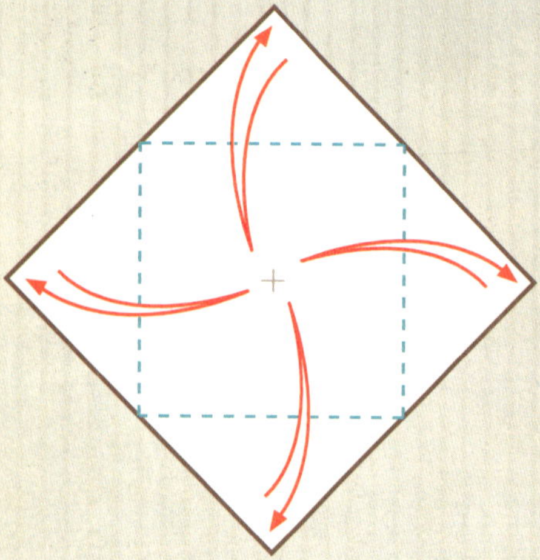

1. 종이의 안면이 위쪽으로 오도록 방석 접기(p.8 참고)하여 점선을 만들어요.

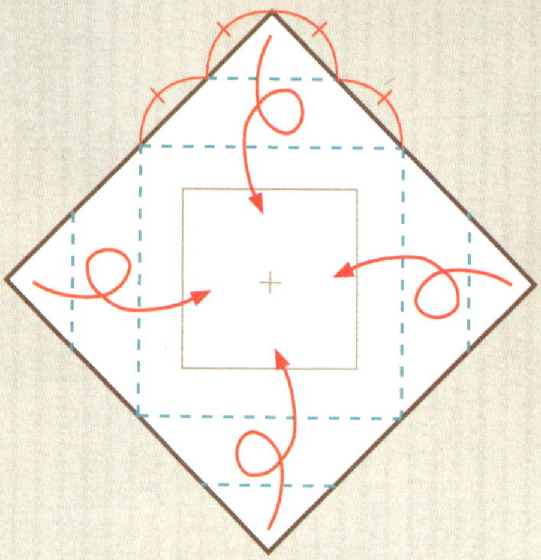

2. 종이의 한가운데 사진을 놓고 그림처럼 말아 접기를 해요.

3. 가장자리에 풀을 발라 꼼꼼하게 붙이면 완성.

2 체크무늬 포토 스탠드

Photo P11

종이 종류	약간 빳빳한 체크무늬 종이
종이 사이즈	가로 24cm×세로 17cm

가로 11cm×세로 10.5cm×높이 7cm
(가로 11cm×세로 10.5cm의 사진을 끼워 넣는 경우)

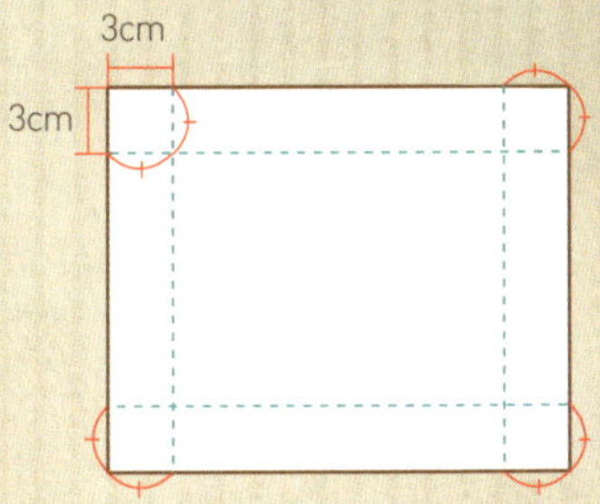

1. 종이의 안면이 위쪽으로 오도록 위아래, 좌우 3cm 떨어진 지점에서 점선을 만들어요.

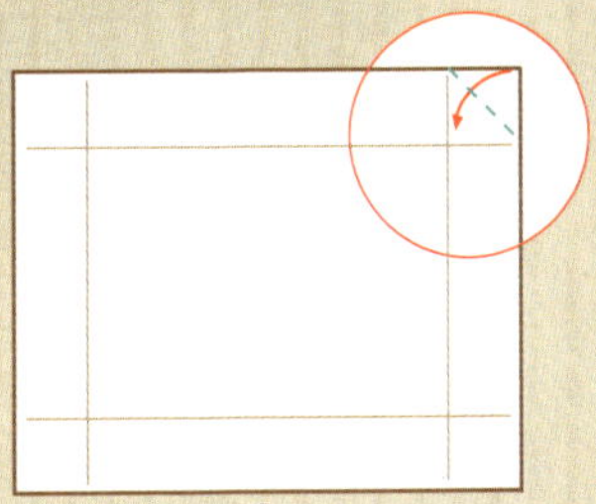

2. 모서리를 그림과 같이 삼각형으로 접어요.

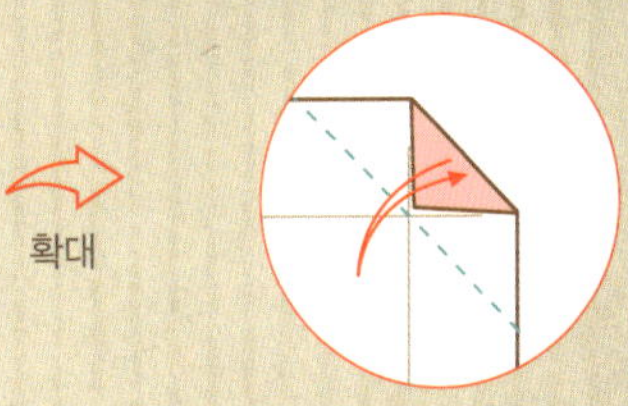

3. 그림과 같이 점선을 만들어요.

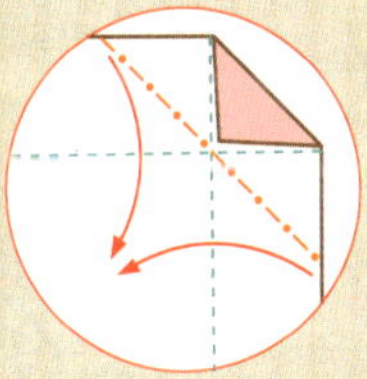

4. 점선에 맞춰 그림과 같이 접어요.

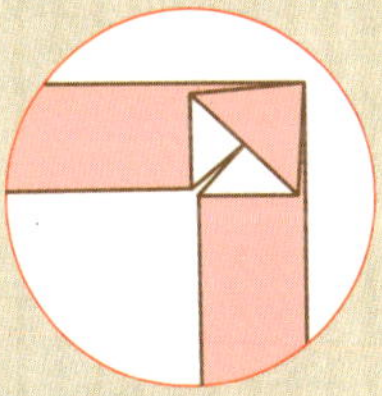

5. 접은 모양이에요. 나머지 세 곳도 ②~④번 과정과 동일하게 접어요.

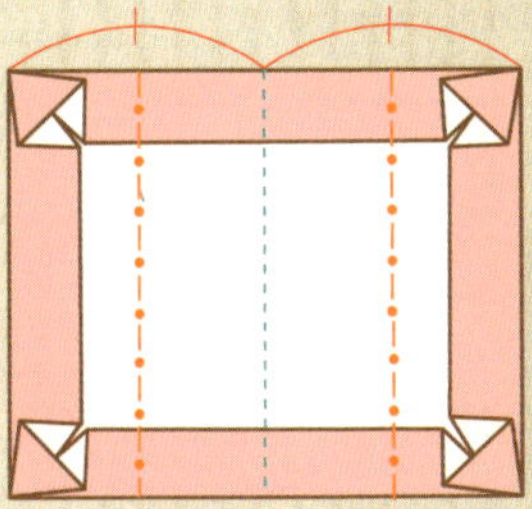

6. 종이의 한가운데를 안으로 접고, 종이의 4분의 1에 해당하는 지점 두 곳을 바깥으로 접어요.

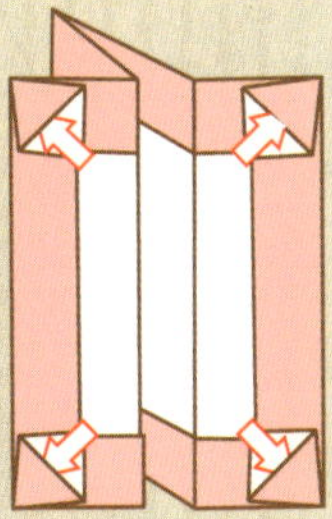

7. 네 곳의 화살표에 사진(가로 11cm×세로 10.5cm로 가로의 폭이 조금 길거나 짧아도 괜찮아요)을 끼워 넣으면 완성.

3 휴대용 티슈 커버

Photo P12

종이 종류	자잘한 무늬의 종이
종이 사이즈	가로 26cm×세로 26cm

가로 12.5cm×세로 8cm

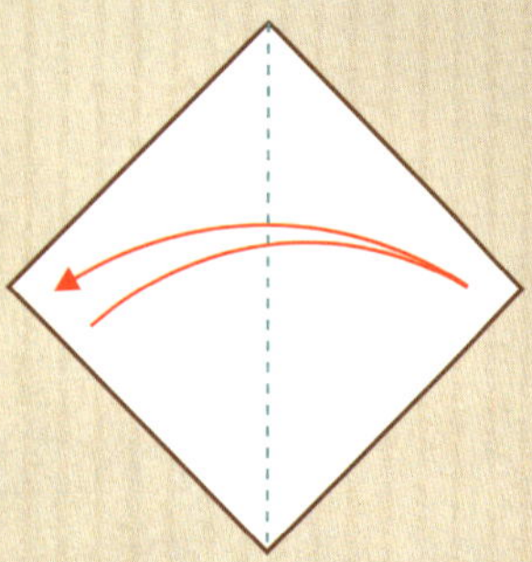

1. 종이의 안면이 위쪽으로 오도록 반으로 접어요.

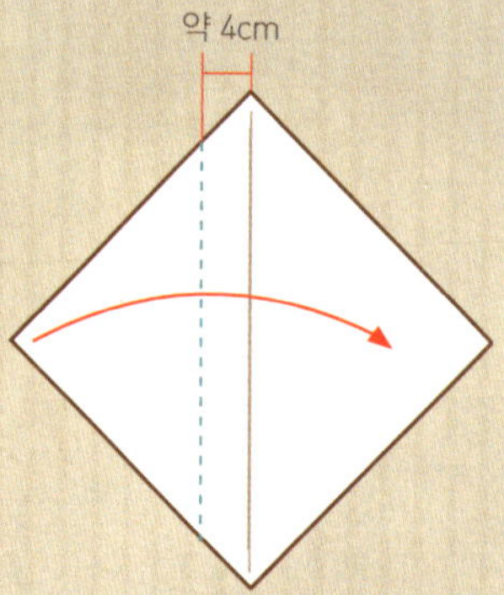

2. 그림과 같이 중심에서 왼쪽으로 약 4cm 떨어진 지점에서 접어요.

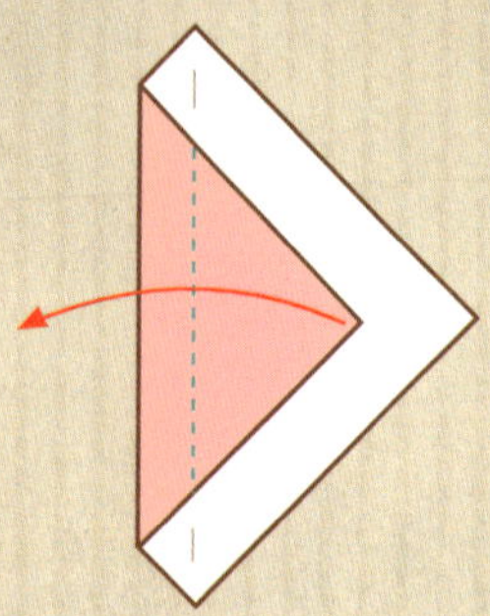

3. 그림과 같이 접어요.

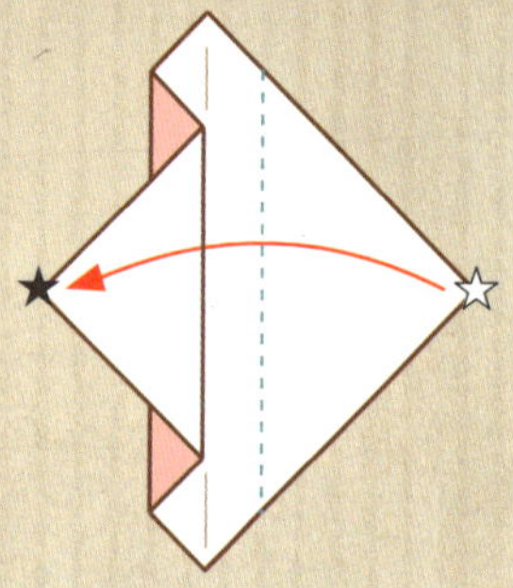

4. ☆이 ★에 닿도록 접어요.

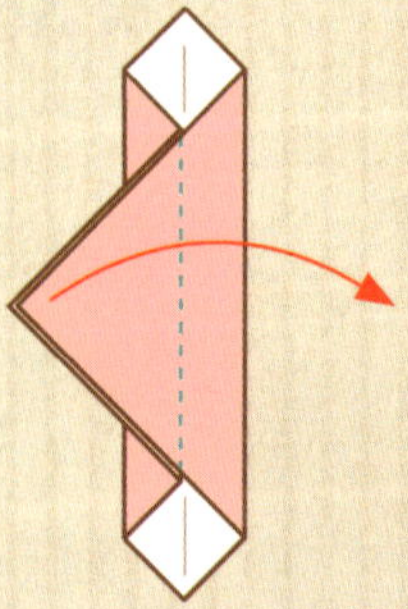

5. 그림과 같이 접어요.

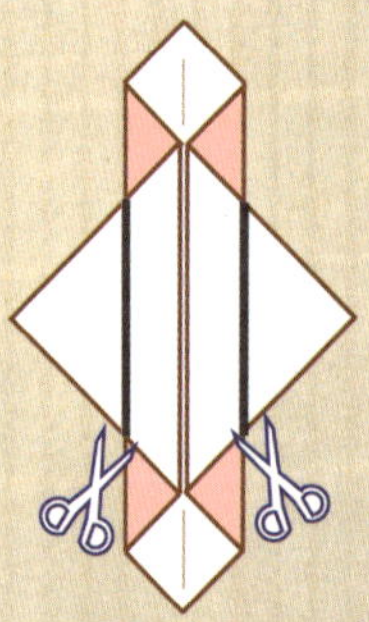

6. 그림과 같이 굵은 선 부분을 잘라요.

《 무늬 있는 테두리의 휴대용 티슈 커버를 만들려면 》

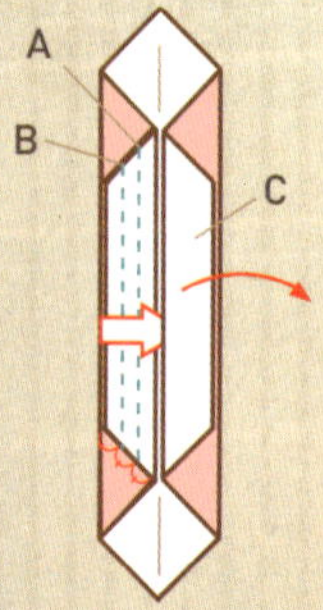

7. C를 펼쳐요. A와 B의 점선을 만들어 A만 접어요.

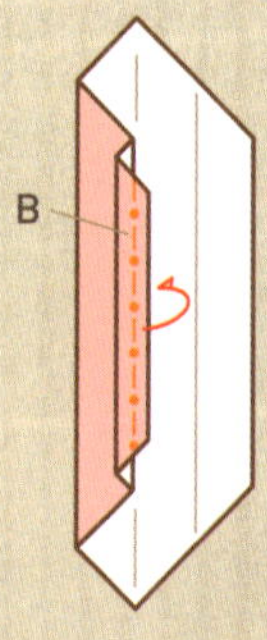

8. ⑦에서 만든 B의 점선을 그림과 같이 접어요.

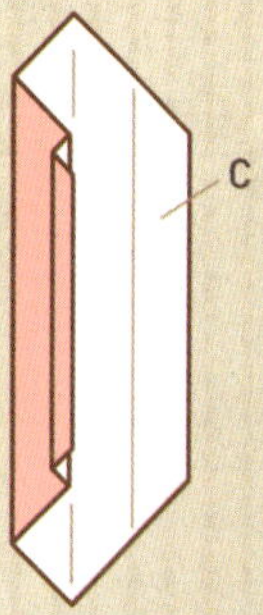

9. C도 ⑦번과 ⑧번 과정 처럼 접어요.

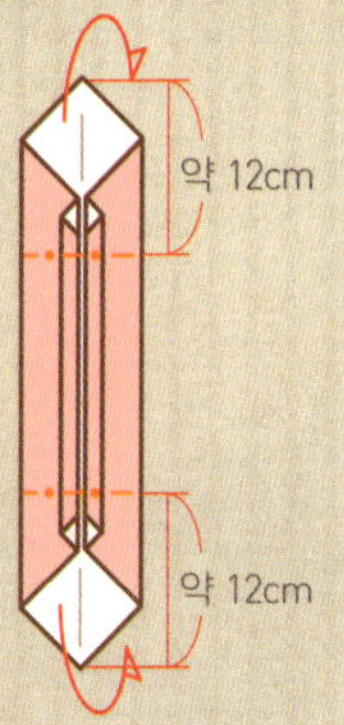

10. 그림과 같이 안에 넣을 티슈의 길이에 맞춰 양 끝에서 12cm쯤 떨어진 지점을 바깥으로 접어 뒤쪽에 끼워 넣어요.

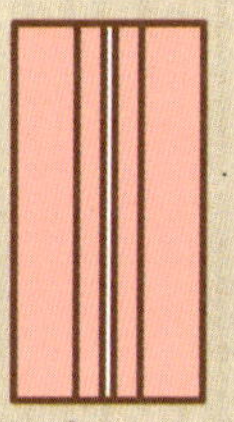

11. 완성.

《 흰색 테두리의 휴대용 티슈 커버를 만들려면 》

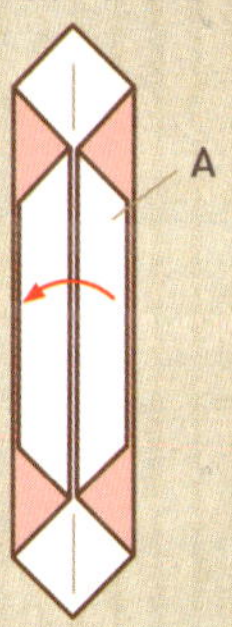

7. ①번부터 ⑥번까지의 과정은 동일해요. A를 왼쪽으로 접어요.

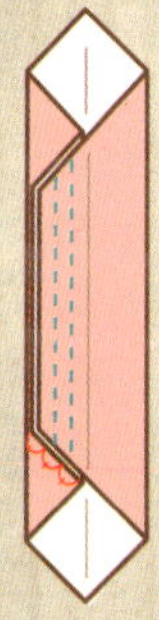

8. 그림과 같이 말아 접어요.

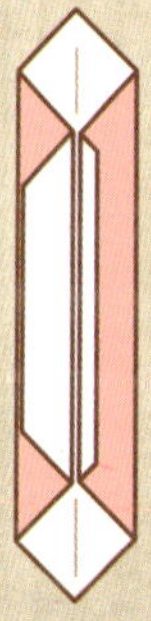

9. 접은 모양이에요. 나머지 한쪽도 ⑦번과 ⑧번 과정으로 접어요.

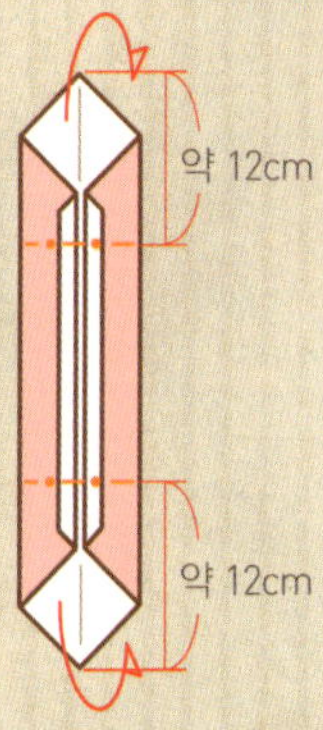

10. 그림과 같이 안에 넣을 티슈의 길이에 맞춰 양 끝에서 12cm쯤 떨어진 지점을 바깥으로 접어 뒤쪽에 끼워 넣어요.

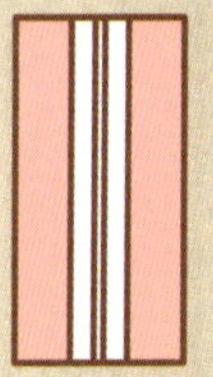

11. 완성.

4

Photo P13

멋스러운 티슈 케이스

종이 종류	[안쪽] 빳빳한 종이, [바깥쪽] 빳빳한 종이
종이 사이즈	[안쪽] 가로 52cm×세로 51cm
	[바깥쪽] 가로 50.4cm×세로 53.6cm
그 밖의 재료	테이프

가로 25.5cm×세로 13cm×높이 7cm

〈 안쪽 〉

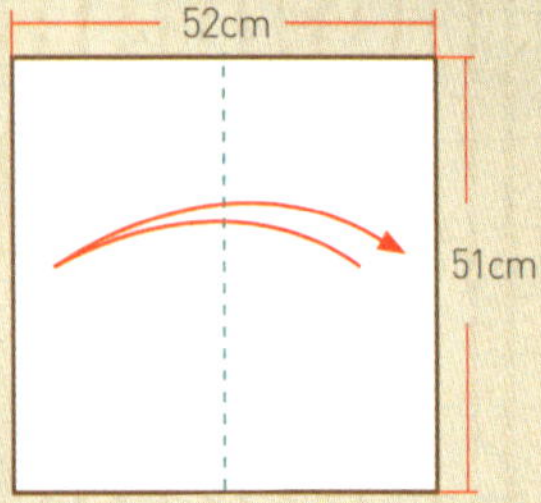

1. 종이의 안면이 위쪽으로 오도록 반으로 접어요.

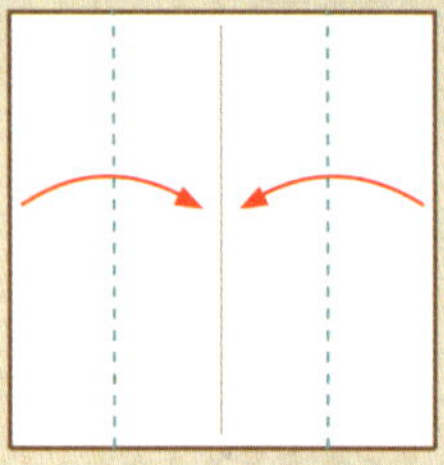

2. 종이의 중심선에 맞춰 좌우를 반으로 접어요.

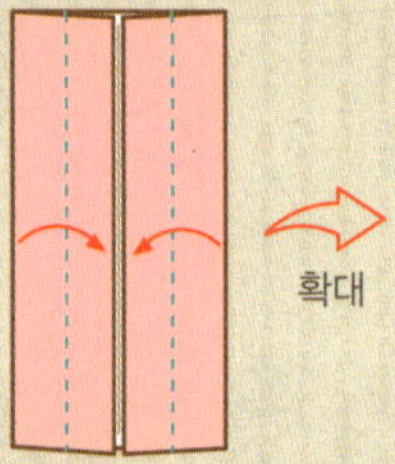

3. 종이의 중심선에 맞춰 좌우를 반으로 한 번 더 접어요.

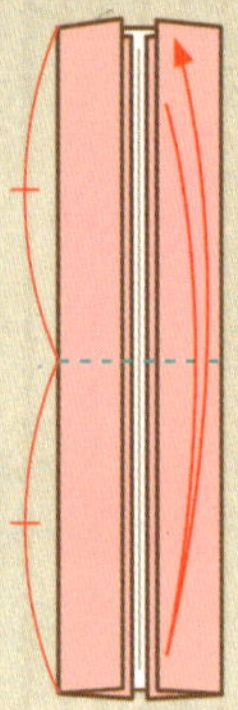

4. 세로 방향을 반 접어요.

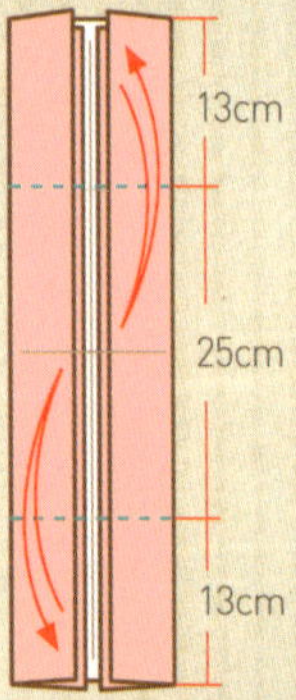

5. 그림과 같은 위치에 점선을 만들어요.

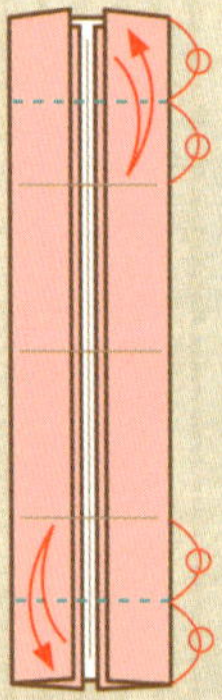

6. ⑤의 점선에 맞춰 그림과 같이 점선을 만들어요.

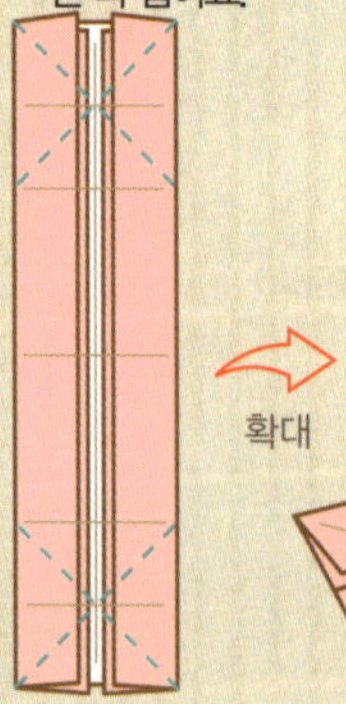

7. 그림과 같이 점선을 만들어요.

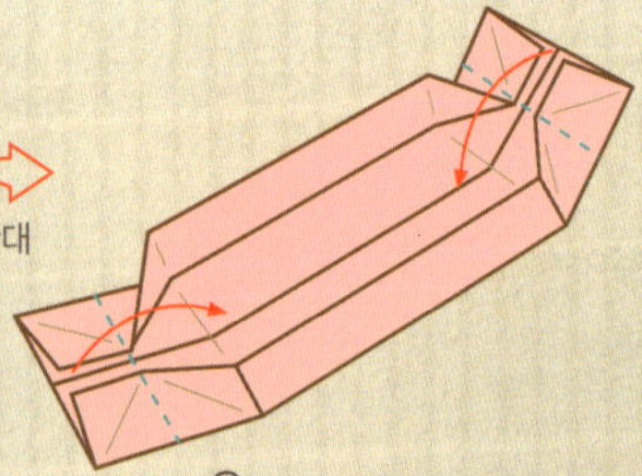

8. 그림과 같이 ③번 과정에서 접은 부분을 펼쳐 입체적으로 만든 다음 ⑥번 과정에서 만든 점선을 이용하여 상자 안쪽 부분에 접어 넣어요.

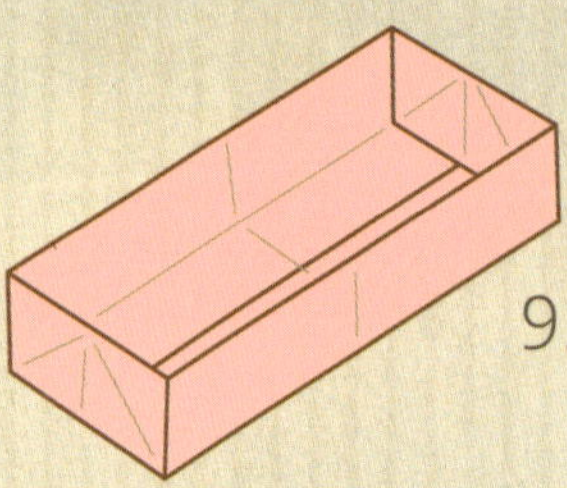

9. ⑧번 과정에서 접은 부분을 풀칠하면 완성.

〈 바깥쪽 〉

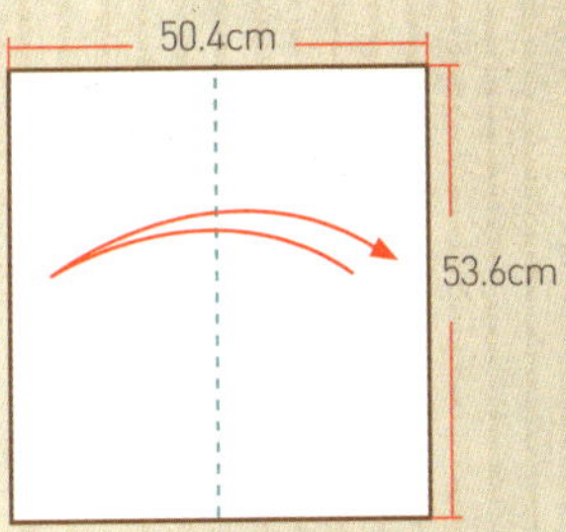

1. 종이의 안면이 위쪽으로 오도록 반으로 접어 점선을 만들어요.

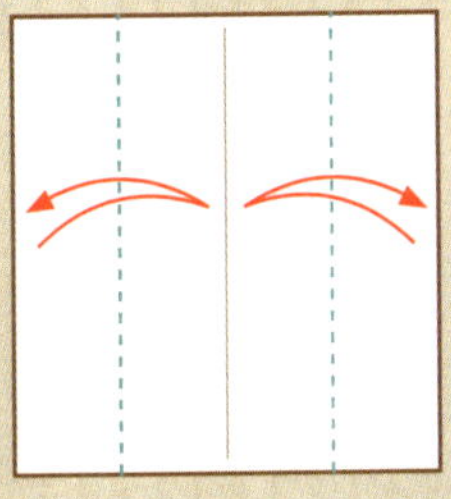

2. 중심선에 맞춰 좌우에 점선을 만들어요.

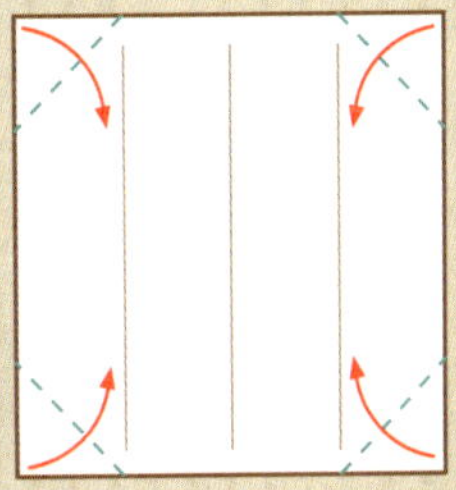

3. 모서리를 삼각형으로 접어요.

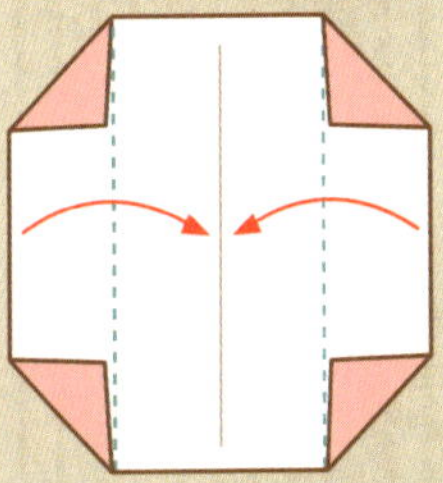

4. 중심선에 맞춰 접어요.

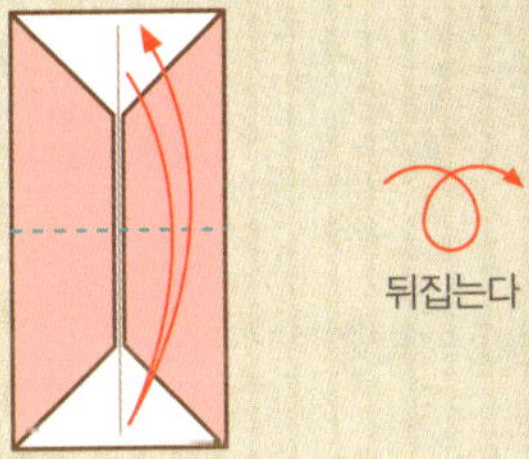

5. 길이로 반 접어 점선을 만들어요.

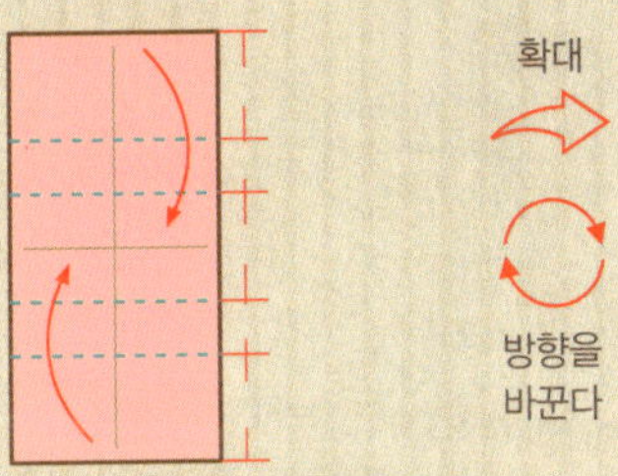

6. 그림과 같이 점선을 만들어 입체적으로 만들어요.

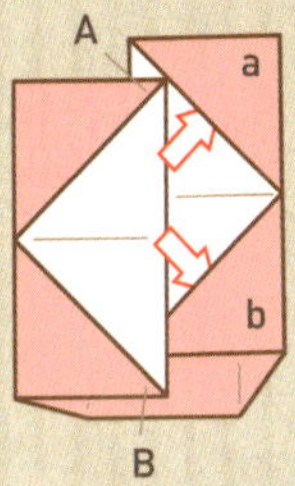

7. A–a, B–b에 끼워 넣어요.

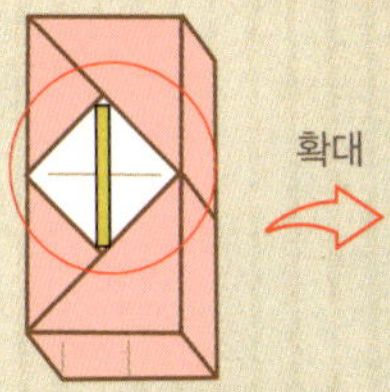

8. 중앙에 테이프를 붙이세요.

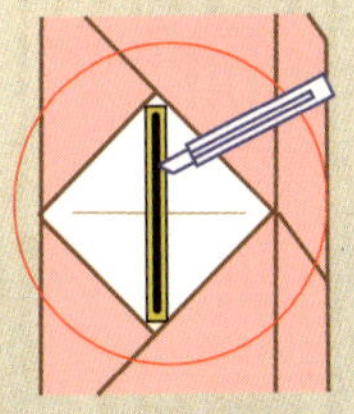

9. 커터로 티슈를 빼낼 구멍을 만들어요.

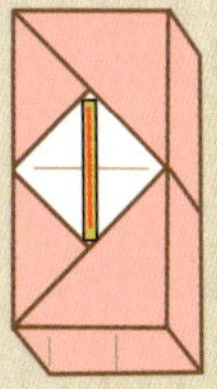

10. 완성.

11. 바깥쪽 종이 상자로 안쪽 종이 상자를 덮으면 이런 모양이 돼요.

5

Photo P14

깔끔하게 정리하는 리모컨 박스

종이 종류	약간 빳빳한 종이
종이 사이즈	가로 40cm×세로 40cm

가로 24cm×세로 13cm×높이 5cm

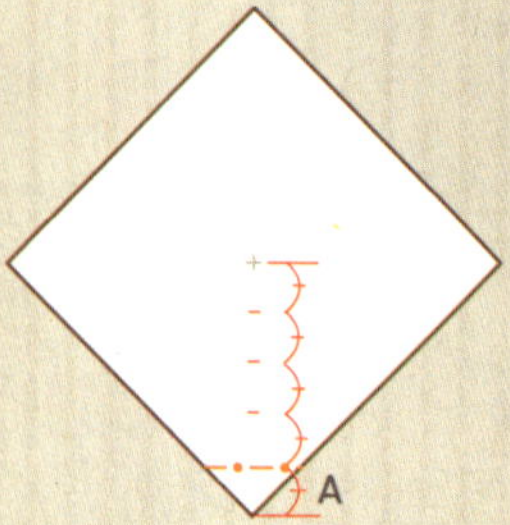

1. 종이의 안면이 위쪽으로 오도록 중심점을 잡은 다음 A를 그림과 같이 바깥으로 접어요.

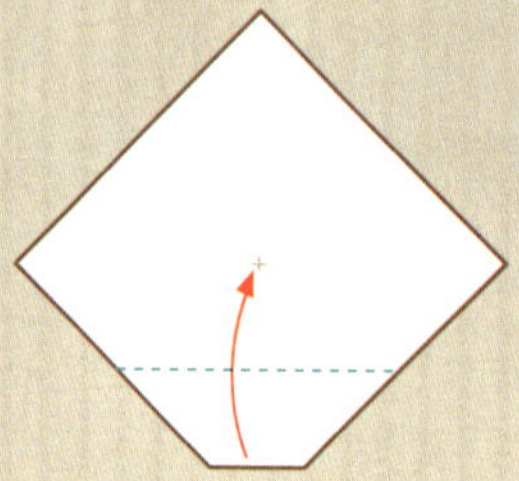

2. 중심점에 맞춰 접어요.

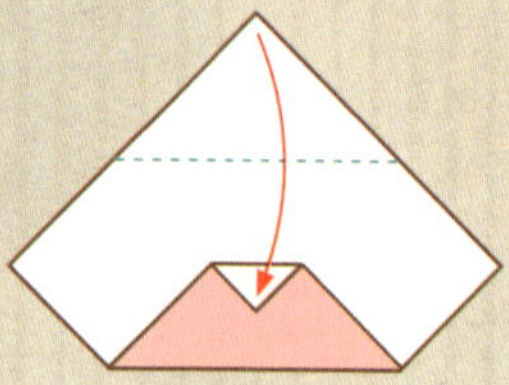

3. 그림과 같이 양 끝 모서리가 겹쳐지도록 접어요.

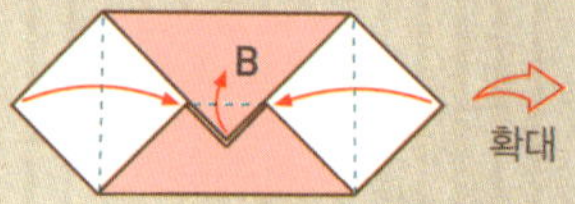

4. B부분을 접은 다음 양 끝을 접어요.

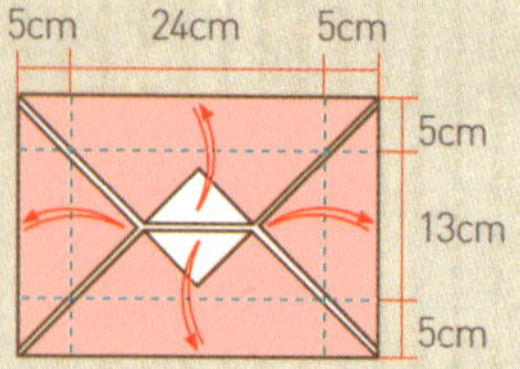

5. 그림과 같이 점선을 만들어요.

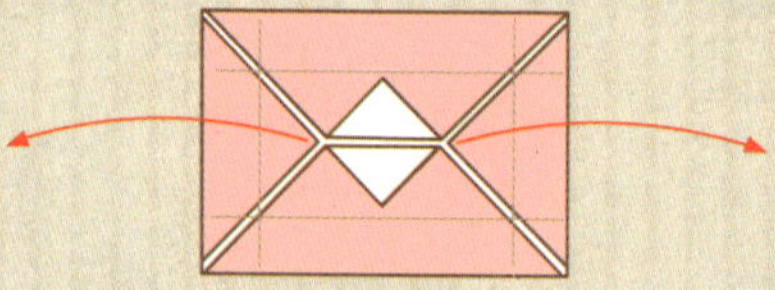

6. 양 끝을 펼쳐요.

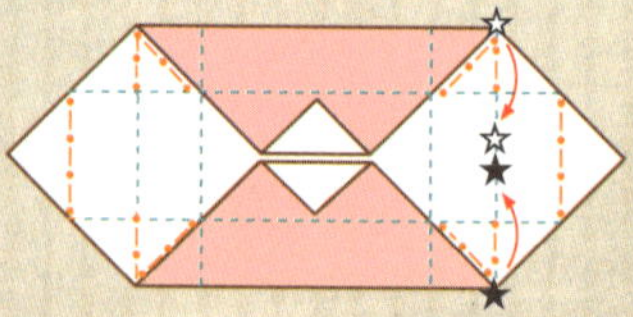

7. 바깥으로 접는 선을 확인하여 ☆-☆, ★-★을 맞추어 입체적으로 접어요.

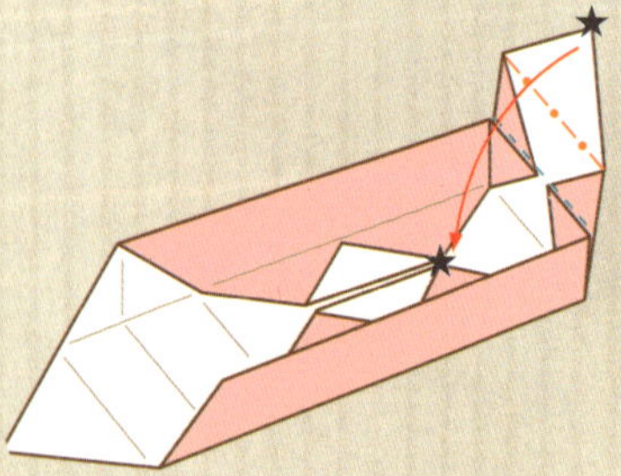

8. ★과 ★을 맞추어 접어요.

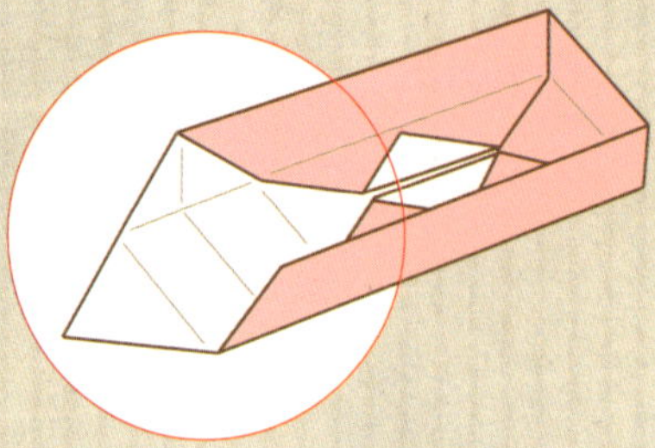

9. 반대쪽(동그라미 부분)도 ⑦번, ⑧번 과정과 같이 접어요.

10. 완성.

6 종이로 만든 장난감 상자

Photo P15

종이 종류	귀여운 무늬의 종이
종이 사이즈	[안쪽] 가로 29cm×세로 29cm…2장, 가로 29cm×세로 40cm…3장
	[바깥쪽] 가로 29cm×세로 29cm…2장, 가로 29cm×세로 40cm…3장
그 밖의 재료	종이상자(가로 29cm×세로 40cm×높이 29cm), 끈

가로 29cm×세로 40cm×높이 29cm

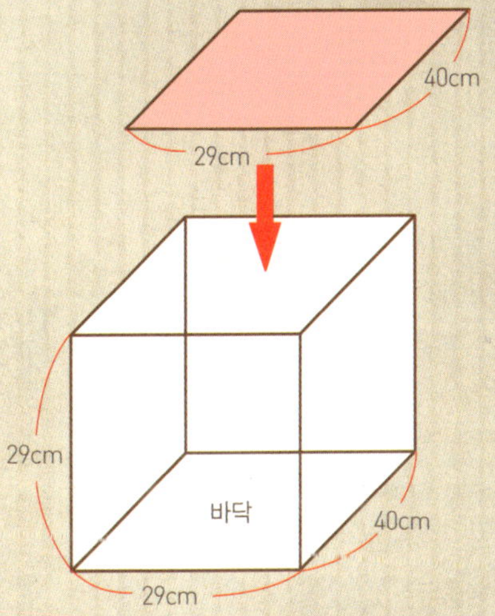

1. 상자 바닥에 종이를 붙여요.

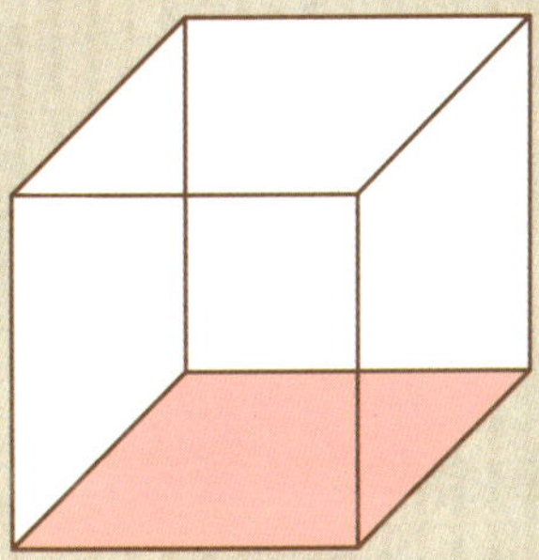

2. 붙인 모양이에요. 안쪽에 종이를 모두 붙인 다음 바깥쪽을 붙여요.

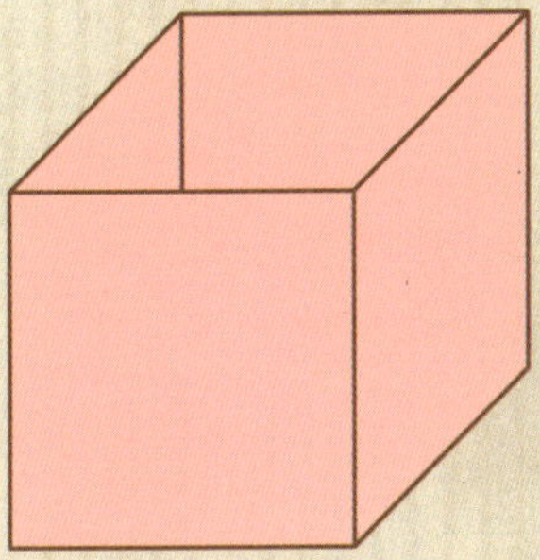

3. 완성.

4. 손잡이를 달 때는 두 곳에 구멍을 뚫어 끈을 매달아요.

※ 종이로 만든 상자의 경우 종이에 풀을 발라서 상자에 붙여야 합니다. 상자에 풀을 바르고 종이를 붙이면 깔끔하게 붙여지지 않아요.

7

Photo P16

컬렉션 박스

[직사각형] 가로 15cm×세로 10cm×높이 4.3cm

[정사각형] 가로 10.5cm×세로 10.5cm×높이 5cm

종이 종류	[정사각형] [직사각형] 원하는 색과 문양의 종이
종이 사이즈	[정사각형] 가로 30cm×세로 30cm
	[직사각형] 가로 30cm×세로 30cm

〈 정사각형 〉

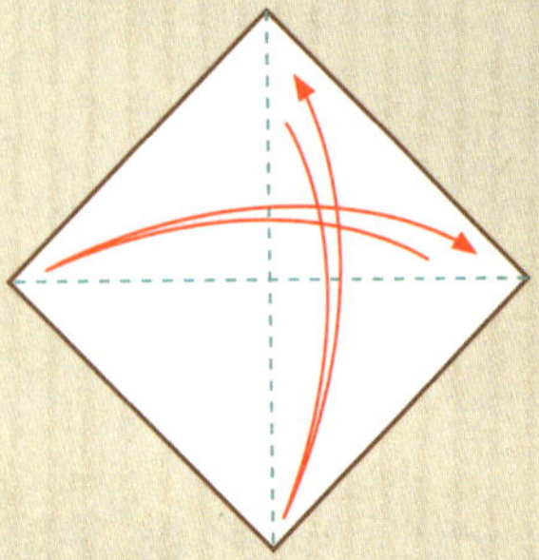

1. 종이의 안면이 위쪽으로 오도록 점선을 만들어요.

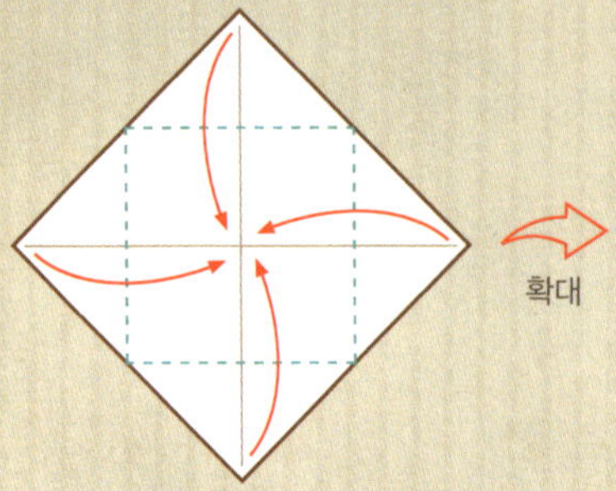

2. 종이의 네 끝을 중심점에 맞춰 방석 접기(p.8 참고)를 해요.

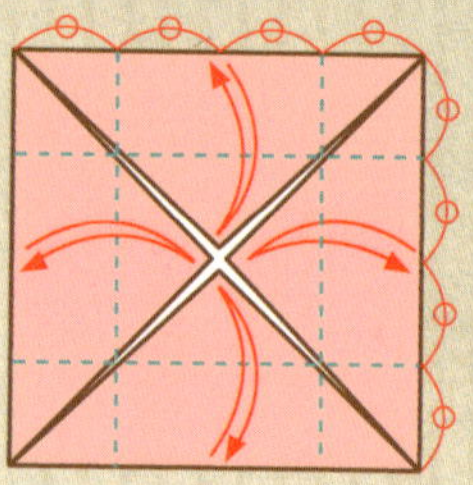

3. 위아래, 좌우도 중심점을 기준으로 반으로 접어 점선을 만들어요.

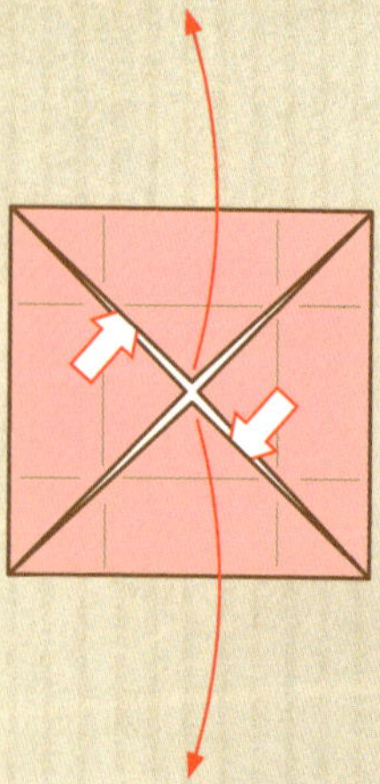

4. 위아래를 펼치세요.

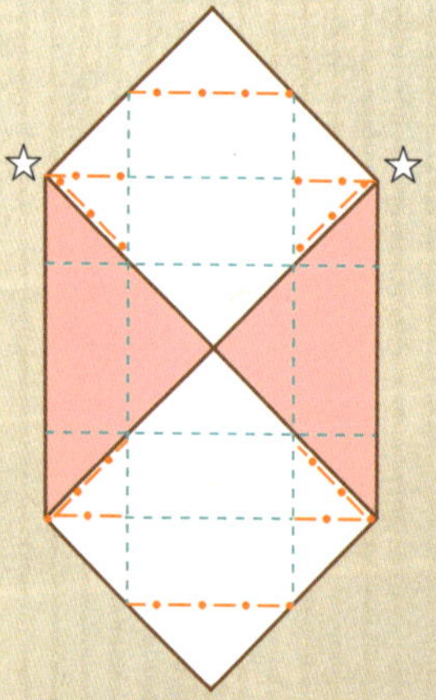

5. 바깥으로 접는 선을 확인하여 ☆과 ☆을 맞추어 입체적으로 접어요.

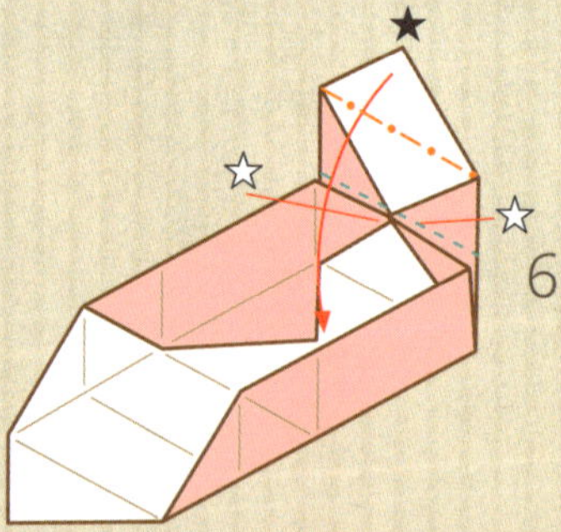

6. ★을 중심점에 맞추어 접어요.

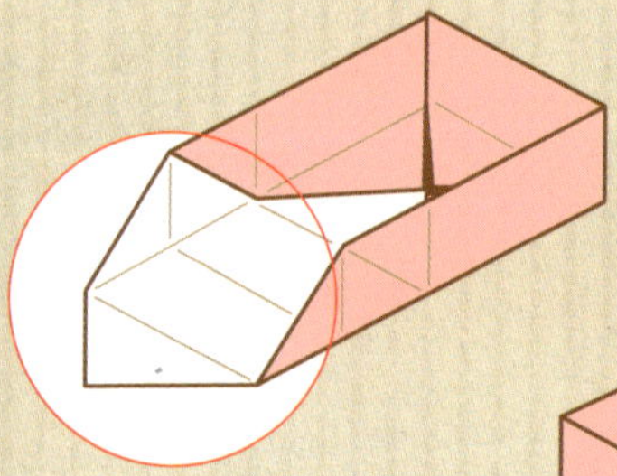

7. 반대쪽(동그라미 안)도 ⑤번, ⑥번과 같은 방법으로 접어요.

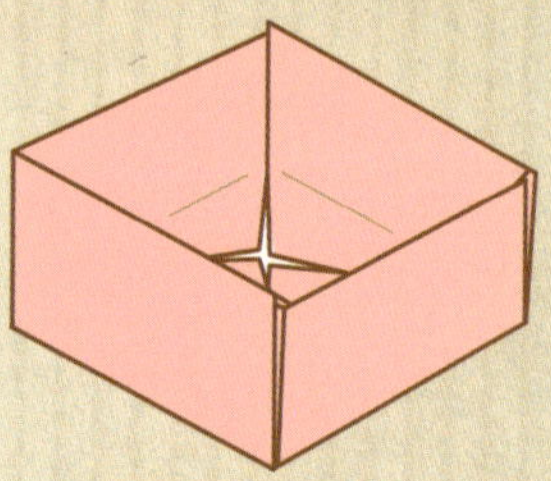

8. 완성.

《 직사각형 》

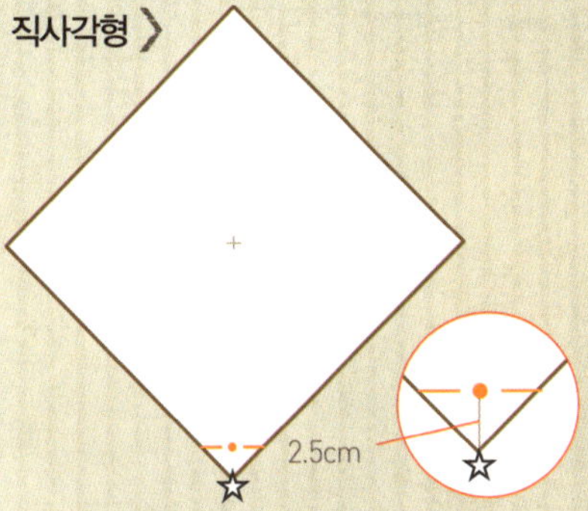

1. 중심점을 표시하고 ☆에서 2.5cm 떨어진 지점을 바깥으로 접어요.

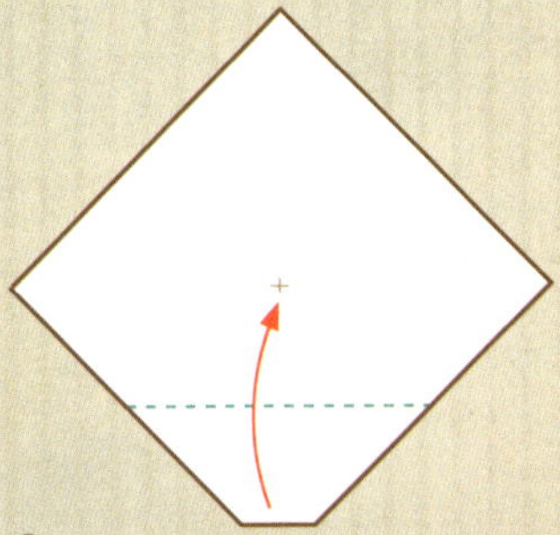

2. 중심점에 맞추어 안쪽으로 접어요.

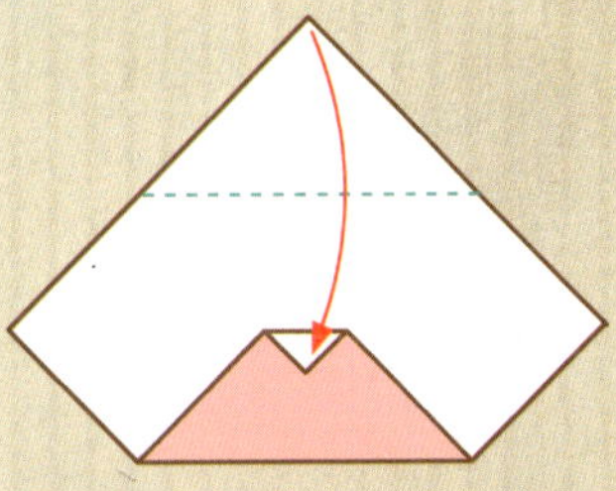

3. 양 끝을 맞추어 접어요.

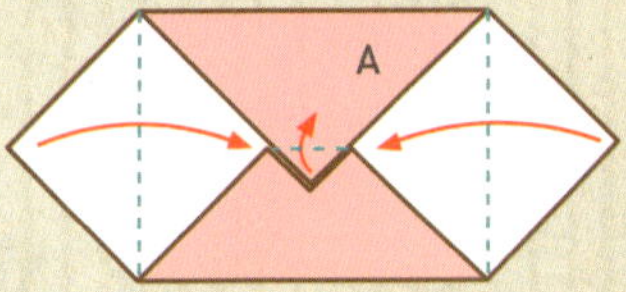

4. A부분을 접은 다음 양 끝을 접어요.

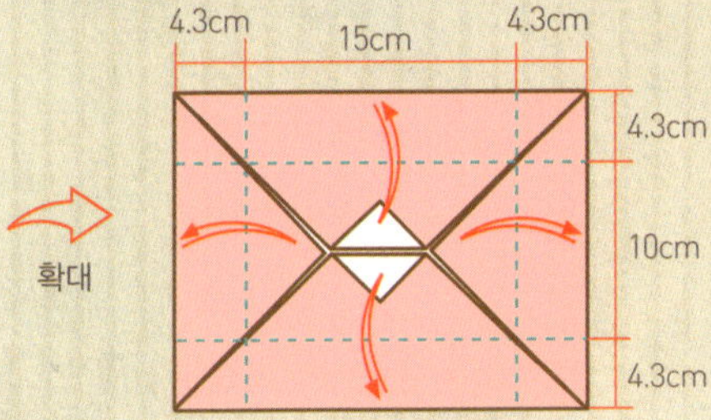

5. 그림과 같이 점선을 만들어요.

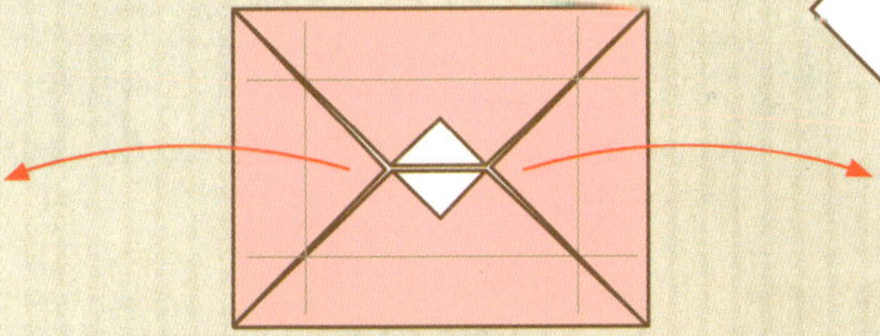

6. 양 끝을 펼치세요.

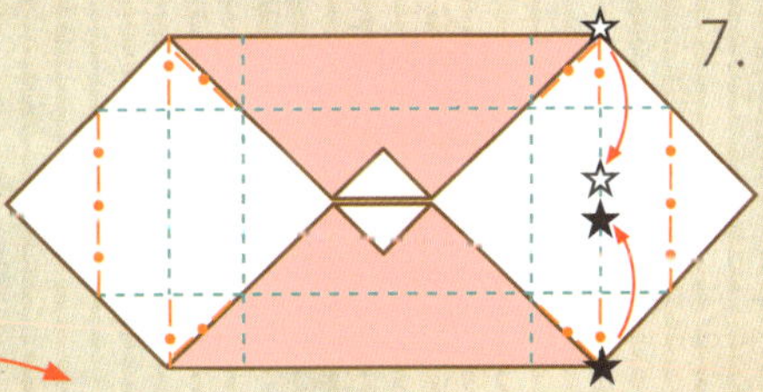

7. 바깥으로 접는 선을 확인하여 ☆–☆, ★–★을 맞추어 입체적으로 접어요.

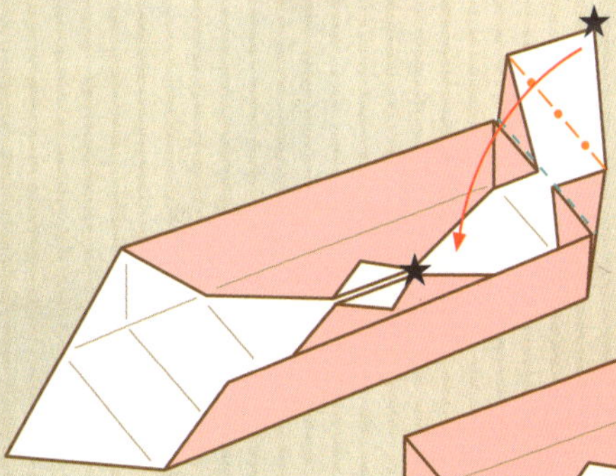

8. ★과 ★을 맞추어 접어요.

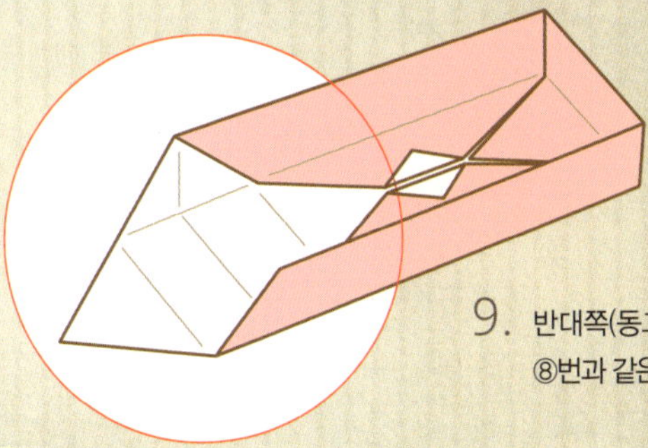

9. 반대쪽(동그라미 안)도 ⑦번, ⑧번과 같은 방법으로 접어요.

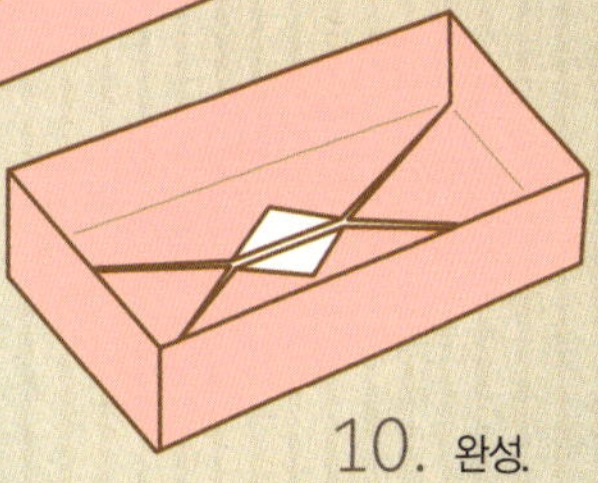

10. 완성.

8 레이스 페이퍼로 만든 월 포켓

Photo P17

종이 종류	[본체] 레이스 페이퍼, [별지] 원하는 색의 종이
종이 사이즈	[본체] 가로 25cm×세로 35cm…2장
	[별지] 가로 12.5cm×세로 5cm…1장, 가로 5cm×세로 6cm…2장

가로 12.5cm×세로 20cm

〈A〉

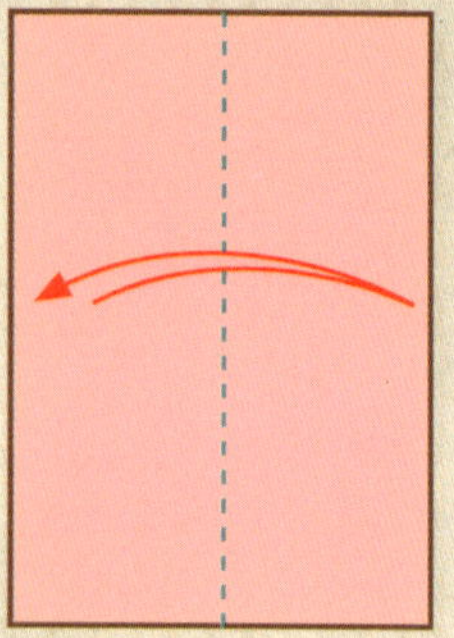

1. 레이스 페이퍼의 겉면이 위로 오도록 그림과 같이 점선을 만들어요.

2. 위에서 4cm 떨어진 지점을 안쪽으로 접어요.

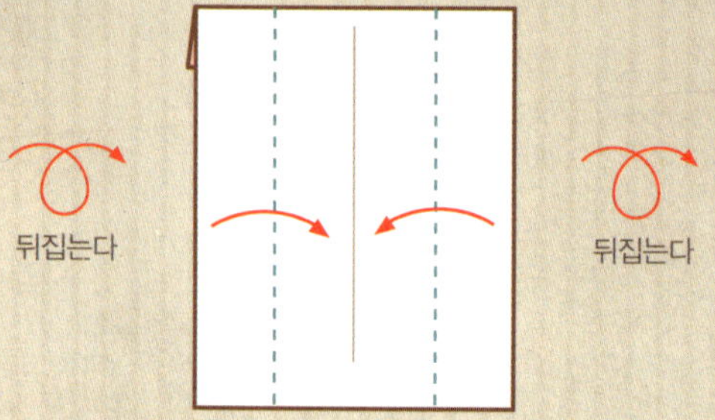

3. 중심선에 맞추어 좌우를 안쪽으로 접어요.

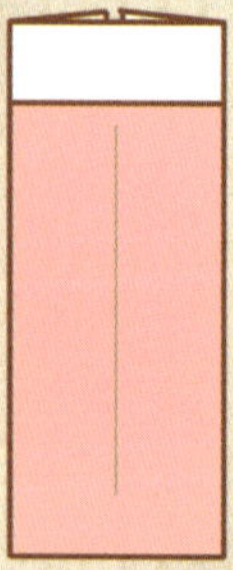

4. A의 완성.

〈B〉

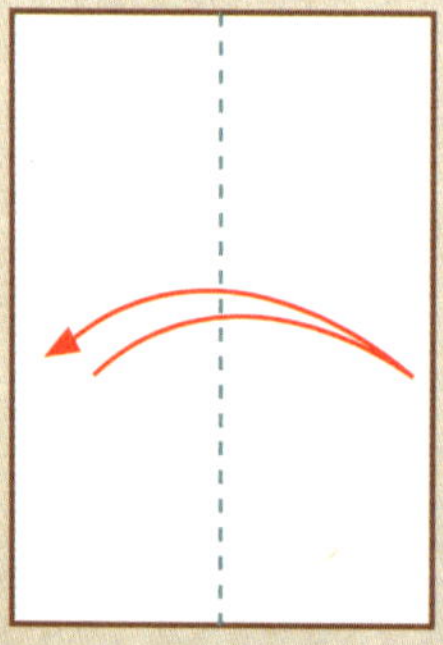

5. 레이스 페이퍼의 뒷면이 위쪽으로 오도록 그림과 같이 점선을 만들어요.

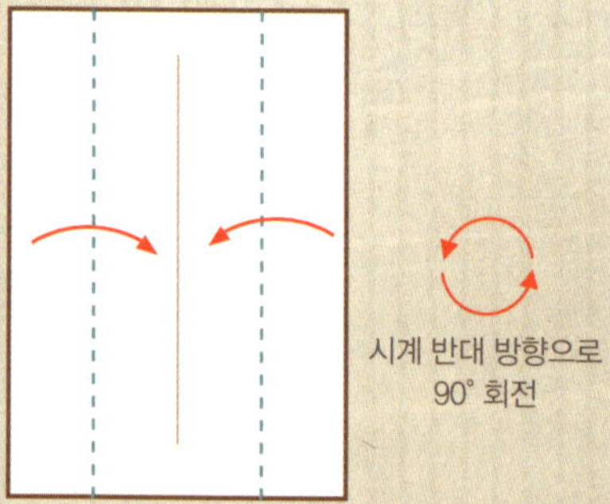

6. 중심선에 맞추어 좌우를 안쪽으로 접어요.

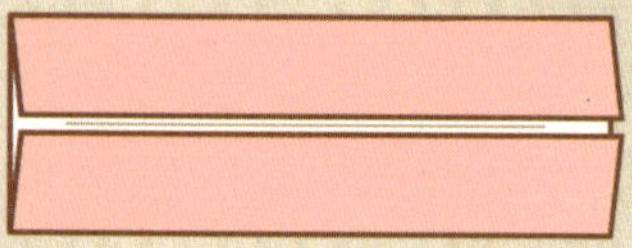

7. B의 완성.

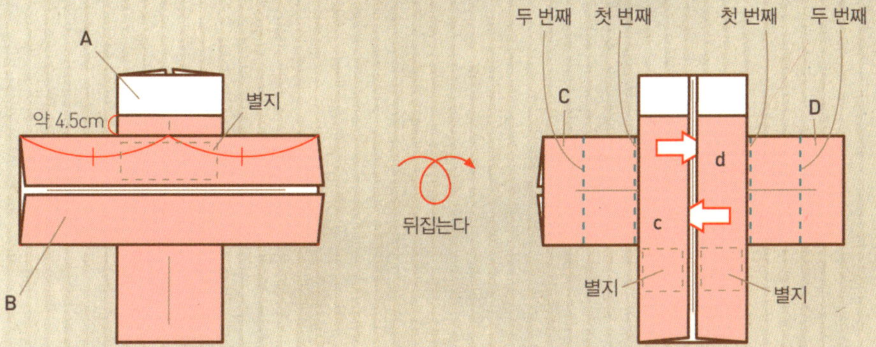

8. A의 윗부분에 B를 올려놓아요. 이때 A의 중심선과 B의 중심선을 맞춰요. B의 윗부분에 별지(가로 12.5cm×세로 5cm)를 그림과 같이 끼워요.

9. 두 번 안으로 접어 C-c, D-d에 끼워 넣어요. A의 좌우에 별지(가로 5cm×세로 6cm)를 각각 끼워 넣어요.

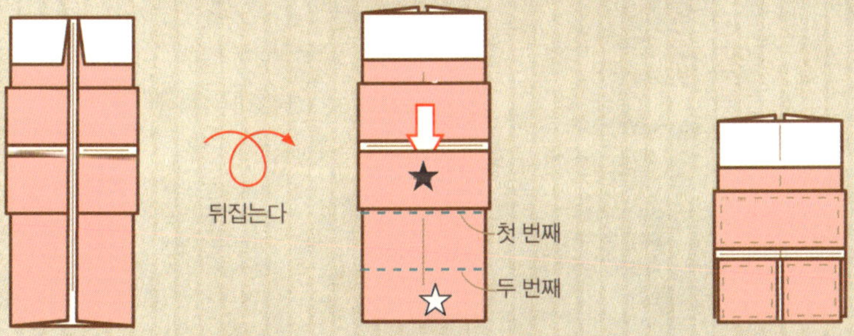

10. 끼워 넣은 모양이에요.

11. 두 번 안으로 접어 ☆을 ★에 끼워 넣어요.

12. 완성.

9

Photo P18

레이스 페이퍼로 만든 방향제 보관함

종이 종류	원하는 색의 종이, 레이스 페이퍼
종이 사이즈	가로 30cm×세로 23cm

가로 11.5cm×세로 11.5cm×높이 9cm

1. 원하는 색의 종이 위에 레이스 페이퍼를 올려놓고 3등분하여 점선을 만들어요.

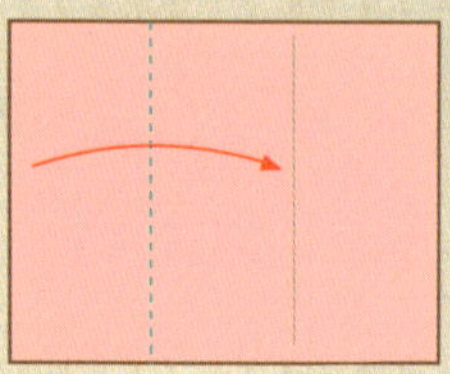

2. 왼쪽에서 오른쪽의 3분의 1 지점으로 종이를 접어요.

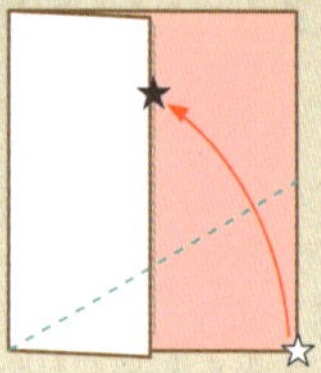

3. ☆이 ★에 닿도록 접어요.

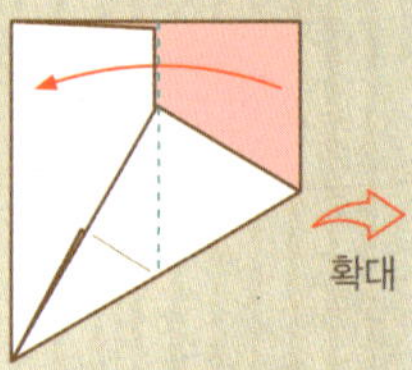

4. 그림과 같이 전체를 반으로 접어요.

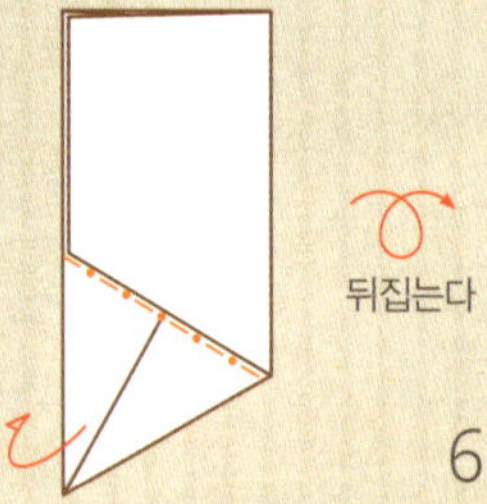

5. 정삼각형 부분을 바깥으로 접어요.

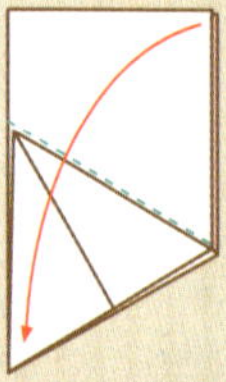

6. 그림과 같이 접어요.

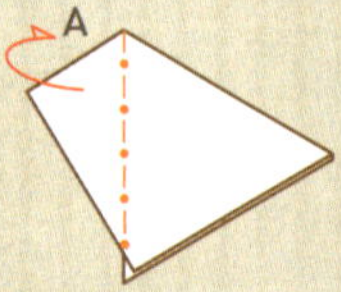

7. A부분을 뒤쪽으로 접어요.

8. 접은 모양인데 펼치세요.

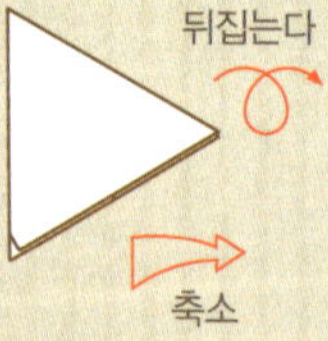

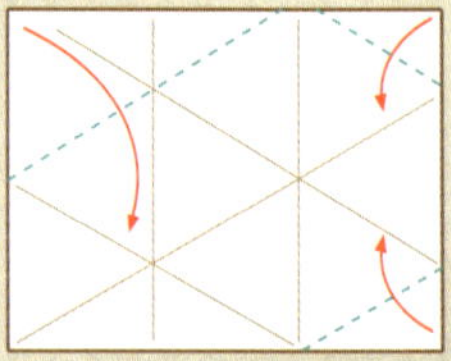

9. 세 부분의 끝을 그림과 같이 접어요.

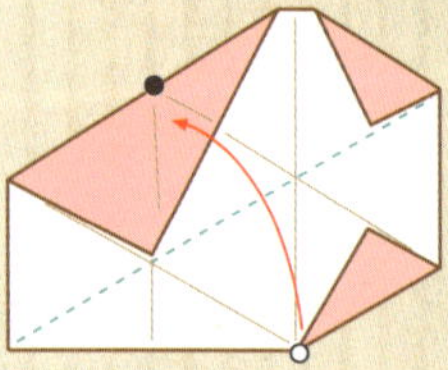

10. ○를 ●에 맞추어 접어요.

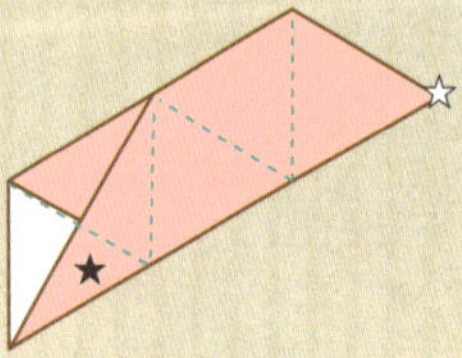

11. 접는 선을 사용하여 입체적으로 접은 다음 ☆이 ★의 포켓에 들어가도록 해요.

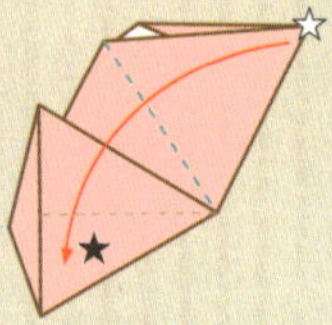

12. ⑪번을 접는 모양이에요.

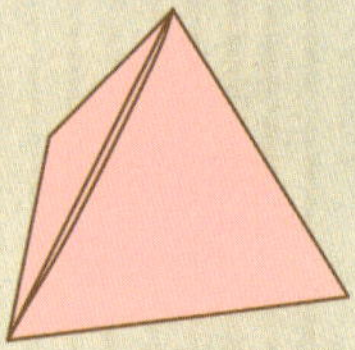

13. 완성.

10 칸막이 액세서리 케이스

Photo P19

종이 종류	[본체, 칸막이 A, B], [칸막이 C] 빳빳한 종이
종이 사이즈	[본체] 가로 32cm×세로 18cm
	[칸막이 A] 가로 23cm×세로 23cm
	[칸막이 B] 가로 8cm×세로 6cm
	[칸막이 C] 가로 23cm×세로 8cm

가로 26cm×세로 8.5cm×높이 3cm

〈 본체 〉

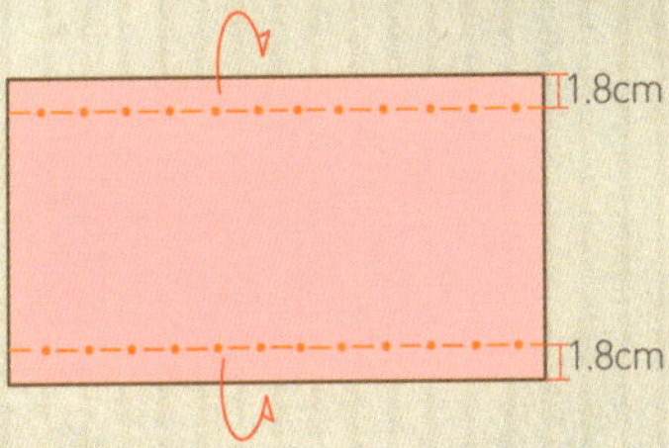

1. 종이의 겉면이 위로 오도록 위아래 1.8cm 지점을 바깥으로 접어요.

2. 그대로 다시 위아래 3cm를 안쪽으로 접어요.

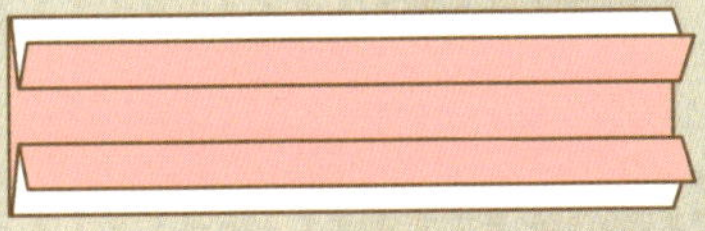

3. 접은 모양이에요.

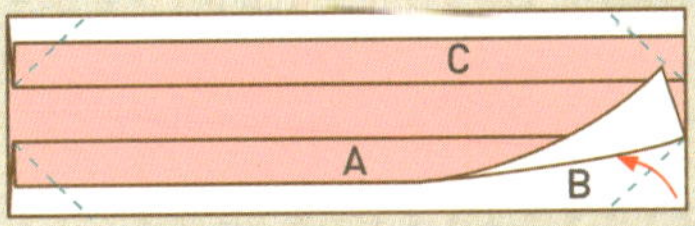

4. A를 젖혀, B의 모서리를 좌우 함께 접는데 C도 같은 모양으로 접어요.

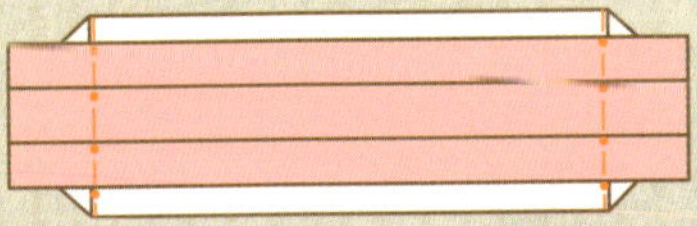

5. 양 끝을 바깥으로 접어 점선을 만들어요.

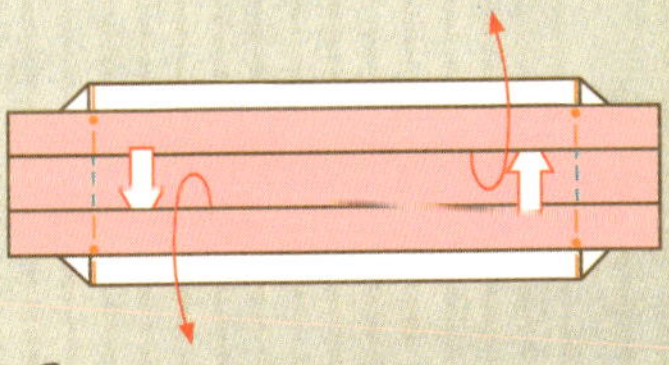

6. 화살표 부분을 펼쳐 입체감을 살리세요.

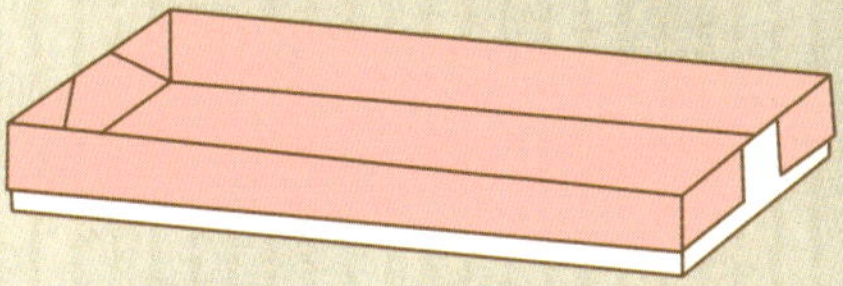

7. 본체의 완성.

《 칸막이 A 》

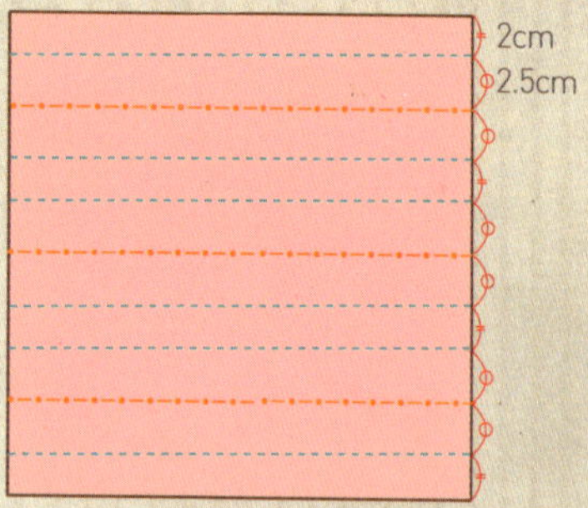

1. 종이의 겉면이 위로 오도록 그림과 같이 접어요.

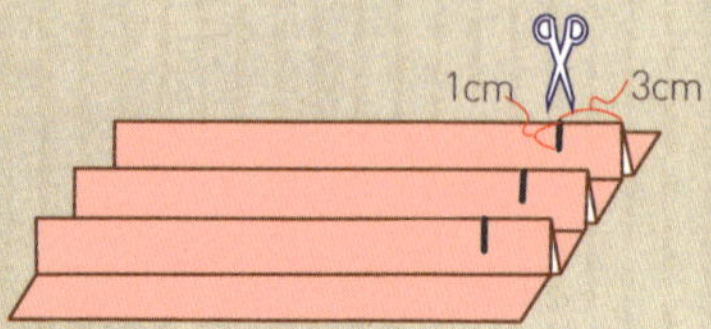

2. 오른쪽 끝에서 3cm 지점에 1cm 길이의 가위집을 넣어요.

《 칸막이 B 》

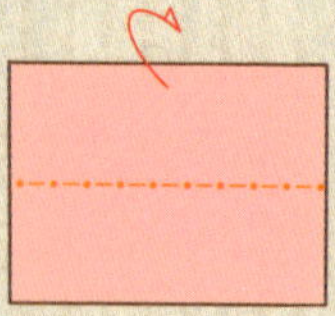

1. 종이의 겉면이 위로 오도록 바깥으로 반을 접어요.

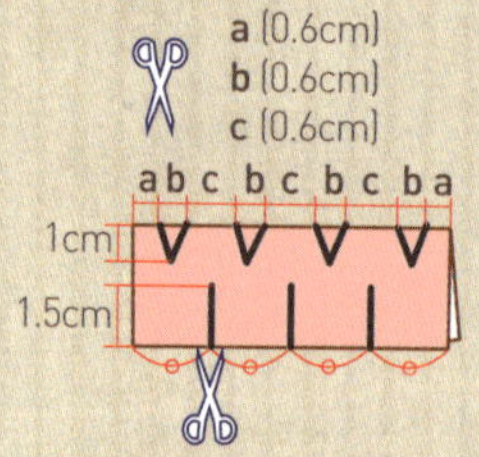

2. 그림과 같이 가위집을 넣어요.

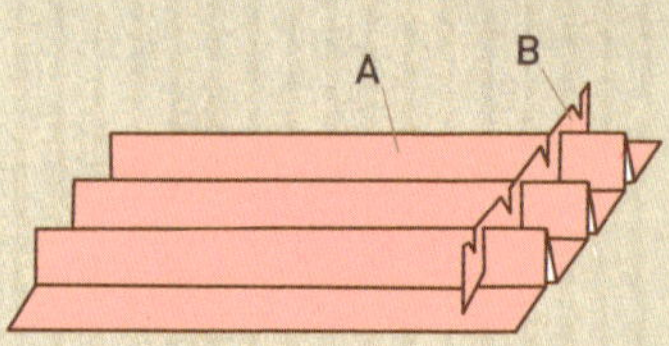

3. 칸막이 A의 가위집에 칸막이 B를 끼워 넣어요.

《 칸막이 C 》

1. 3cm 정도 폭으로, 완전히 접히지 않도록 주의하면서 주름을 만들어요.

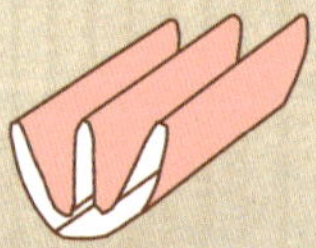

2. 양 끝을 풀로 붙이세요.

《 칸막이 완성 》

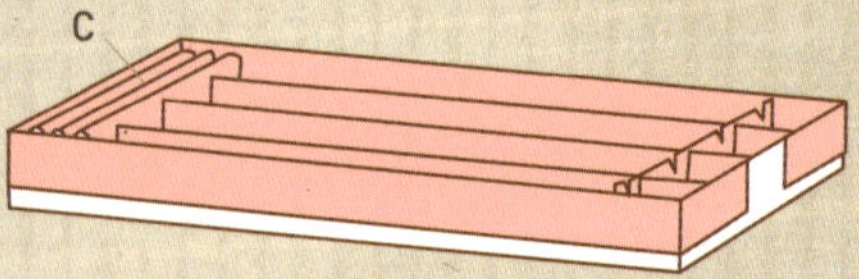

본체에 칸막이 A, B, C를 넣으면 완성.

11 간편한 쓰레기통

Photo P20

종이 종류	약간 빳빳한 종이
종이 사이즈	가로 50cm×세로 50cm

가로 20cm×세로 20cm×높이 19cm

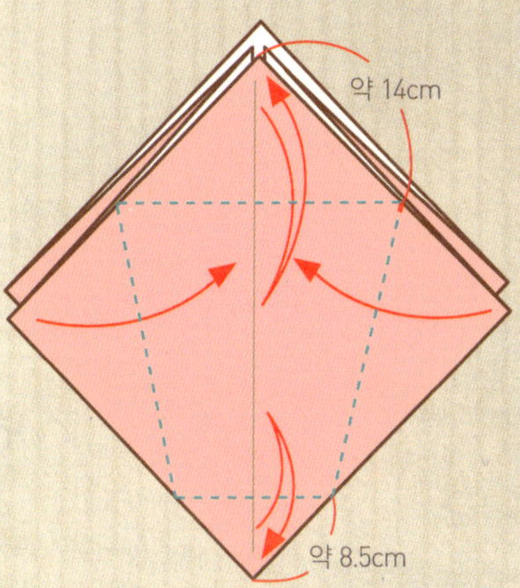

1. 사각 접기(p.8 참고)하여 좌우를 그림과 같이 접어요. 위아래에는 점선을 만들어요.

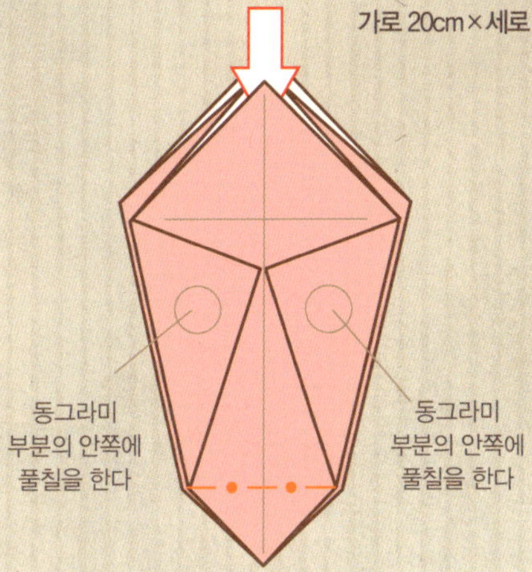

2. 접은 모양이에요. 네 곳 모두, 종이 안쪽에 풀칠을 하는데 위쪽을 벌려 바닥을 펼친 다음 평평하게 펴세요.

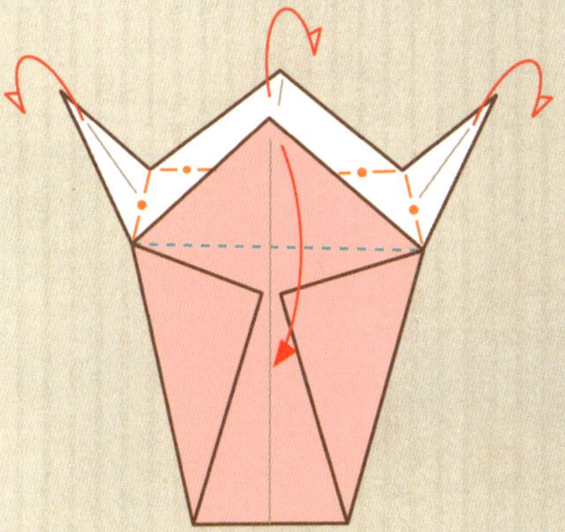

3. 그림과 같이 위쪽 삼각형을 바깥으로 접어요.

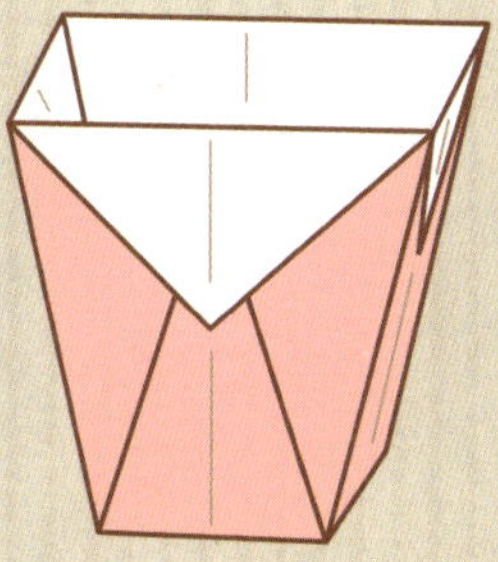

4. 완성.

12 뚜껑 달린 쓰레기통

Photo P21

종이 종류	[본체] 빳빳한 종이, [뚜껑] 빳빳한 종이
종이 사이즈	[본체] 가로 39cm×세로 39cm, [뚜껑] 가로 21.5cm×세로 21.5cm

가로 15cm×세로 15cm×
높이 14cm

〈 본체 〉

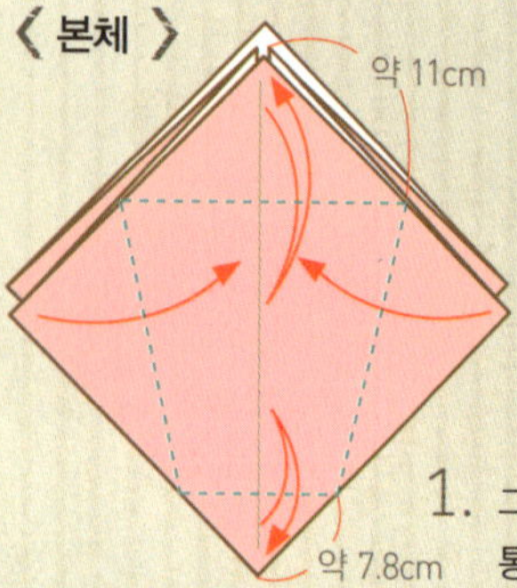

1. 그림과 같이 '간편한 쓰레기통(p.43 참고)'의 ①번, ②번 과정과 같이 접어요.

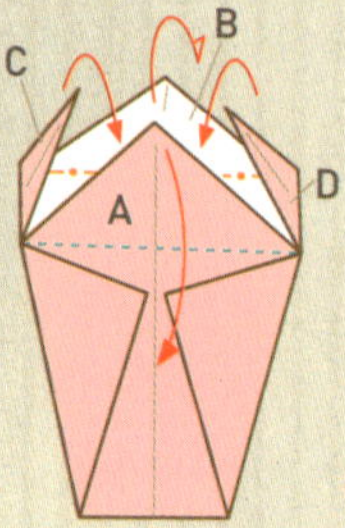

2. 그림과 같이 A와 B는 바깥으로 접고, C와 D는 안쪽으로 접어요.

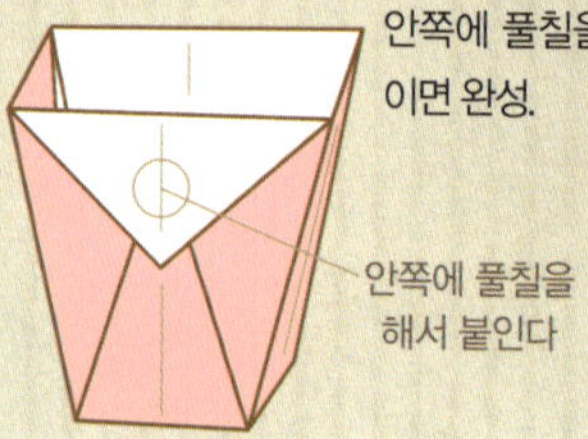

3. 바깥으로 접은 부분의 안쪽에 풀칠을 하여 붙이면 완성.

〈 뚜껑 〉

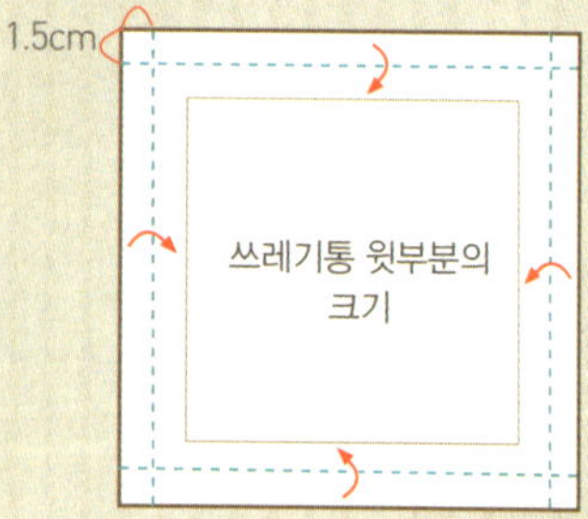

1. 종이의 안면이 위쪽으로 오도록 해서 그 위에 쓰레기통을 뒤집어놓고 쓰레기통의 크기를 연필로 그리세요. 그런 다음 그림과 같이 테두리를 접어요.

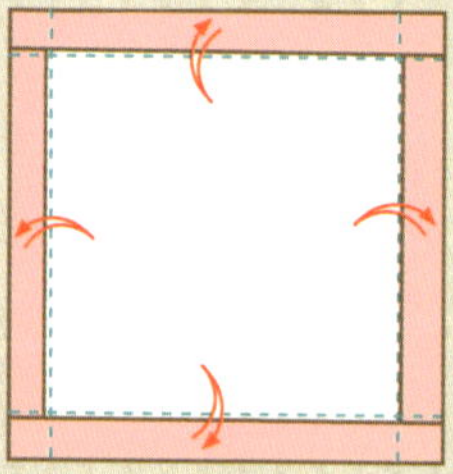

2. 테두리에 그림과 같이 점선을 만들고 위쪽 테두리만 펼치세요.

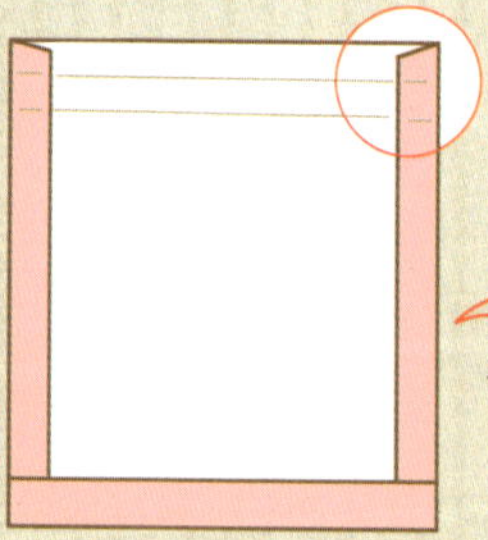

3. 펼친 모양이에요.

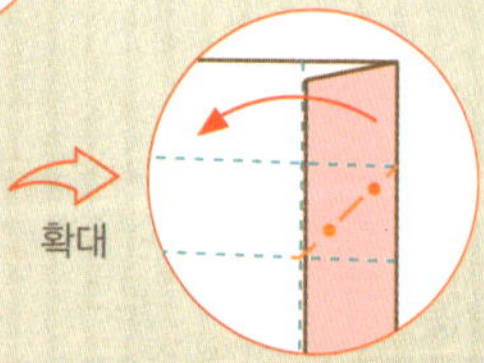

4. 점선을 만들어 바깥으로 접어요.

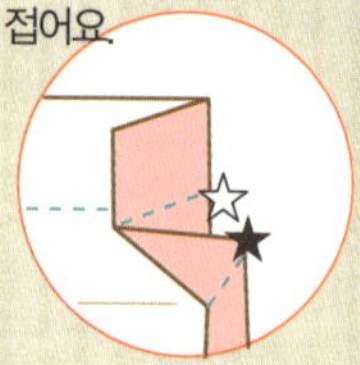

5. ④번 과정의 모습이에요. ☆이 ★에 닿도록 접어요.

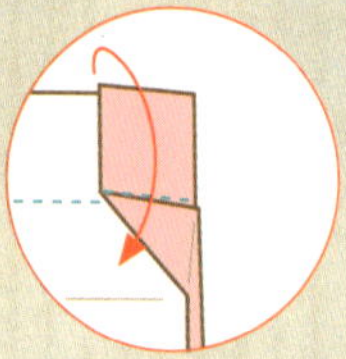

6. 그림과 같이 안쪽으로 접어 덮으세요.

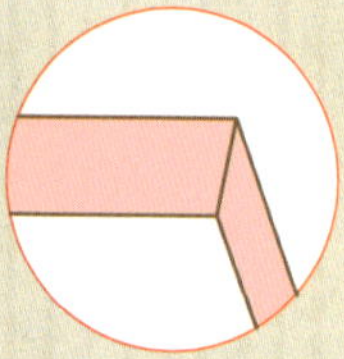

7. ⑥번 과정의 모양이에요. 나머지 세 곳도 같은 모양으로 접어요.

8. 뚜껑 완성.

13 장미 램프 셰이드

Photo P22

종이 종류	얄팍한 종이
종이 사이즈	[큰 것] 가로 5cm×세로 15cm…적당히, 가로 4cm×세로 12cm…적당히
그 밖의 재료	전구, 와이어, 플로랄 테이프

지름 8cm×높이 8cm

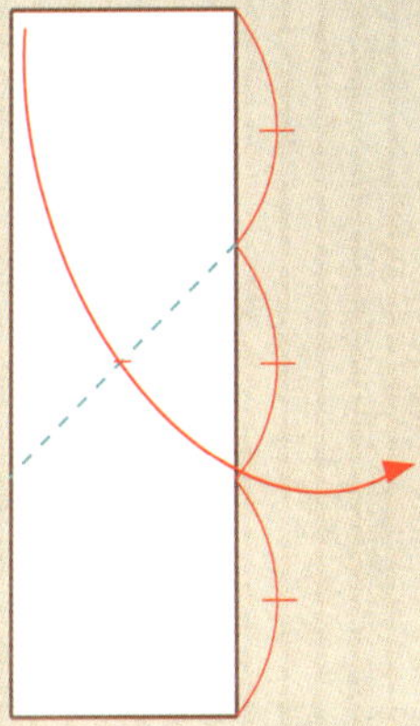

1. 종이의 안면이 위쪽으로 오도록 그림과 같이 안쪽으로 접어요.

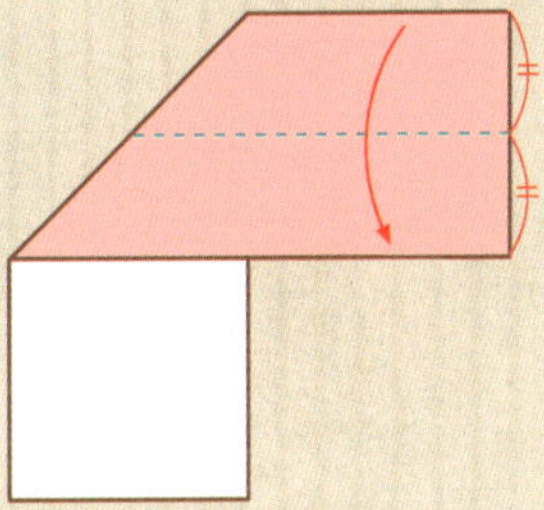

2. 그림과 같이 접어요.

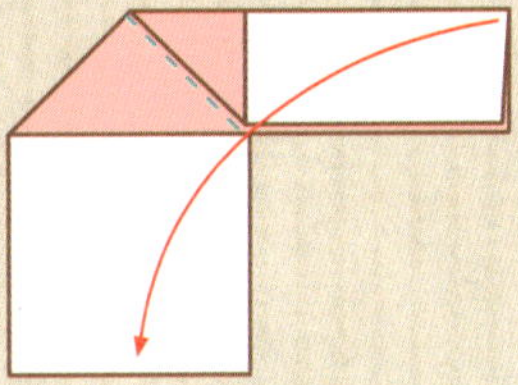

3. 그림과 같이 접어요.

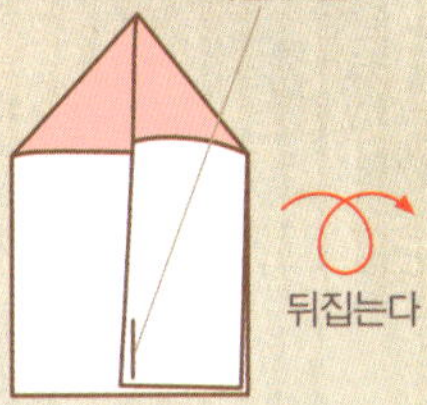

4. 종이의 아래쪽을 스테이플러로 박아 고정시키세요.

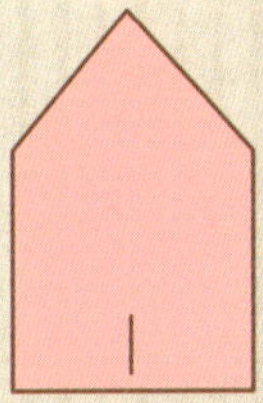

5. 꽃잎 1장 완성.

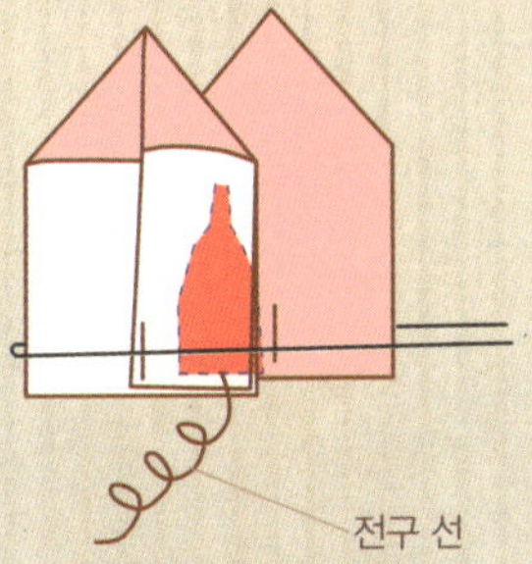

6. 꽃잎 2장을 겉이 안쪽으로 가도록 겹치고, 중앙에 전구를 넣은 다음 아래쪽을 와이어로 묶으세요.

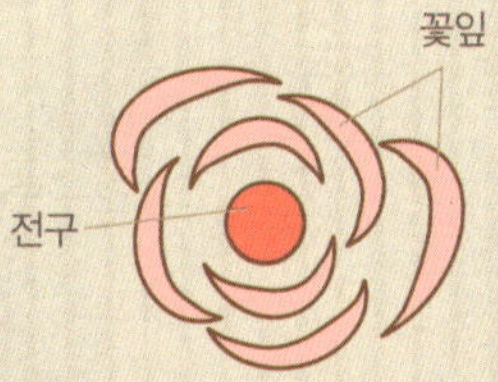

7. 위에서 본 모습이에요. 만들어놓은 꽃잎 여러 장의 아래쪽에 본드를 붙여 ⑥번에 1장씩 붙여 장미꽃을 완성해요. 꽃잎 수는 취향대로 붙이세요.

8. 마지막에 꽃잎의 아래쪽을 와이어로 묶고 와이어가 보이지 않도록 플로랄 테이프로 감아 주면 완성.

14 백합꽃 램프 셰이드

Photo P24

종이 종류	원형 레이스 페이퍼
종이 사이즈	적당한 사이즈
그 밖의 재료	전구, 플로랄 테이프

지름 7cm×높이 7cm
(지름 23cm의 레이스 페이퍼를 사용한 경우)

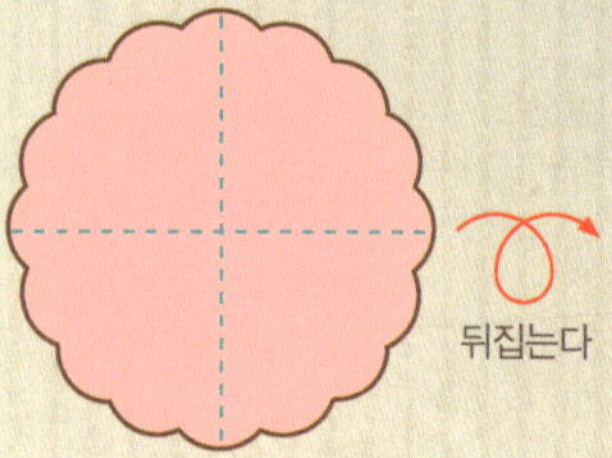

1. 그림과 같이 점선을 만들어요.
※ 그림을 보기 쉽도록 ② 번 과정부터 레이스 모양은 생략합니다.

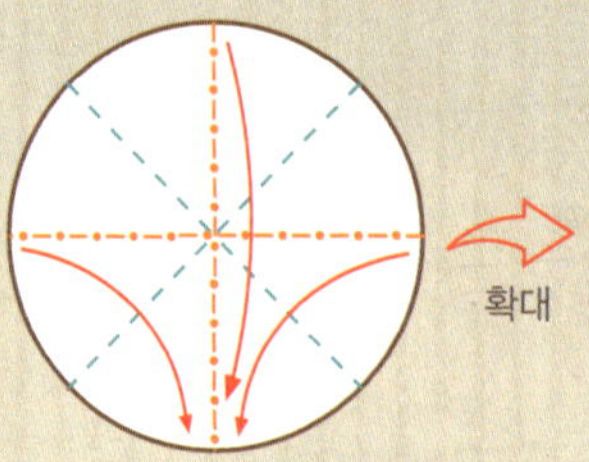

2. 그림과 같이 점선을 만들어 삼각형 모양으로 접어요.

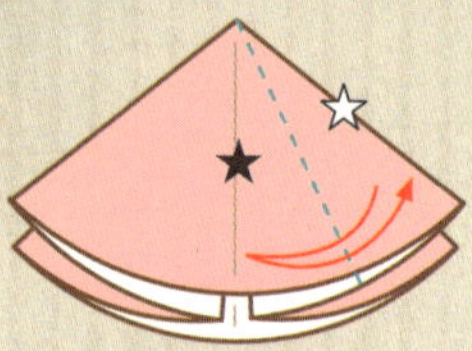

3. ☆이 ★에 들어맞도록 점선을 만들어요.

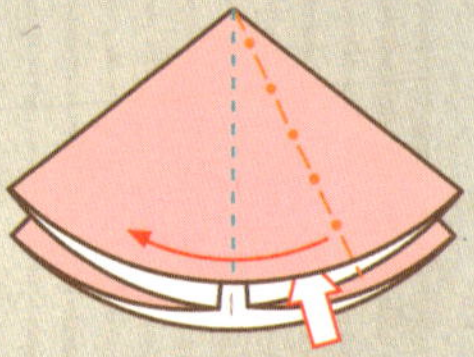

4. 삼각형의 아랫부분을 펼쳐 점선대로 접어요.

5. 접은 모양이에요. 나머지 세 부분도 같은 모양으로 접어요.

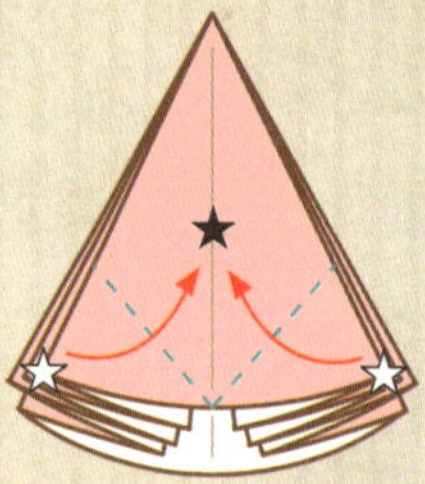

6. ☆이 ★에 들어맞도록 접어요.

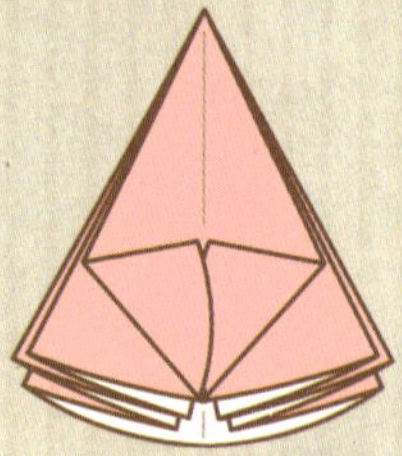

7. 접은 모양이에요. 접었던 것을 다시 펼치세요.

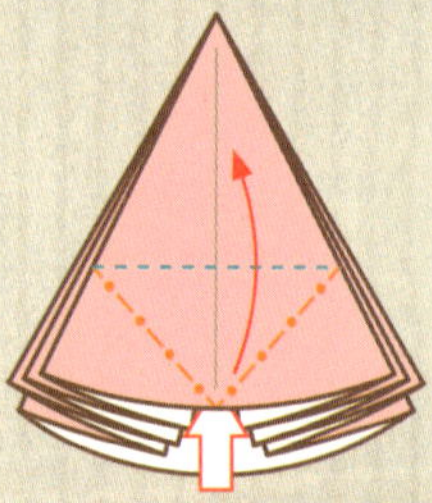

8. 맨 위 1장만 위로 펼쳐 접어요.

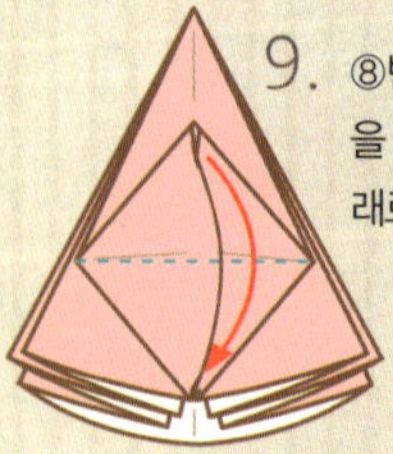

9. ⑧번 과정의 접은 부분을 그림과 같이 다시 아래로 접어요.

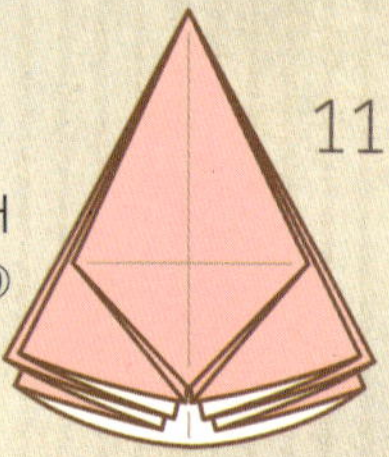

10. 접은 모양이에요. 나머지 세 부분도 ⑥번~⑨번 과정대로 접어요.

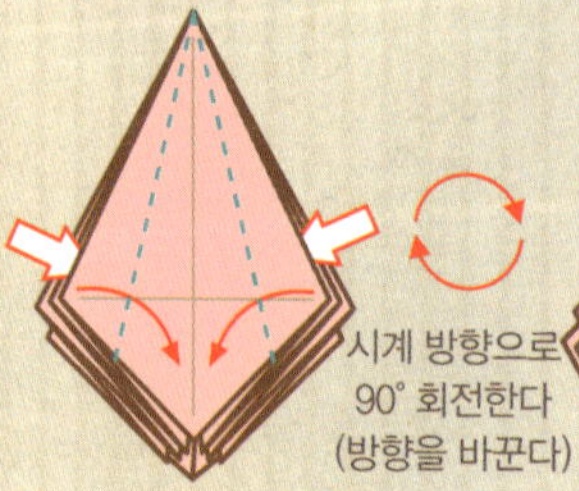

11. 각이 중심선에 맞도록 접어요.

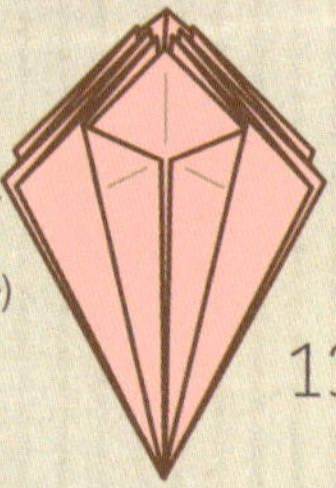

12. 접은 모양이에요. 나머지 세 부분도 같은 모양으로 접어요.

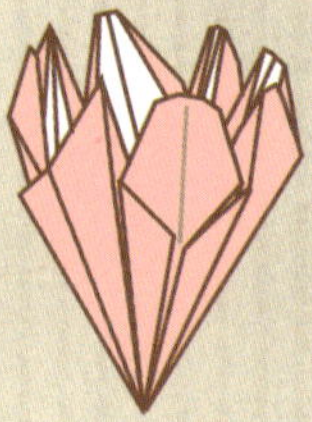

13. 살포시 펼치면 완성(전구를 속에 넣을 때는 아래쪽을 살짝 잡아당겨 전구를 끼워 넣고 플로랄 테이프로 감아 고정시켜요).

15 연꽃 발

Photo P25

종이 종류	얄팍하고 약간 부드러운 종이
종이 사이즈	가로 15cm×세로 15cm
그 밖의 재료	마끈

지름 5.5cm×높이 5.5cm
(2개를 붙인 상태)

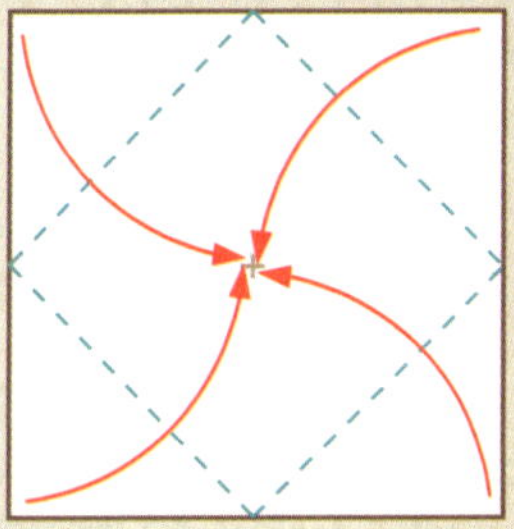

1. 네모난 종이의 중심점을 표시하고 방석 접기(p.8 참고)를 해요.

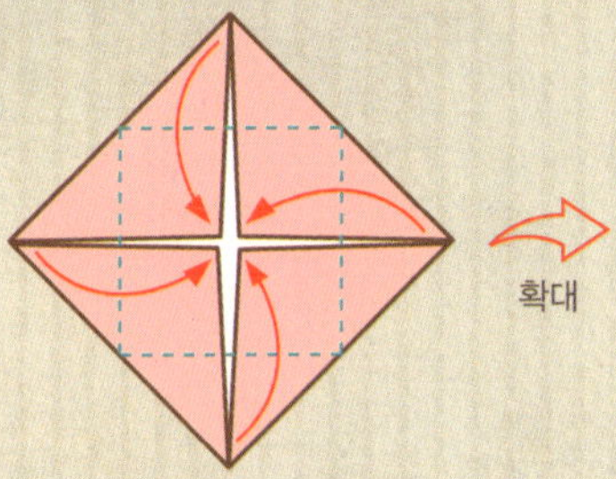

2. 한 번 더 방석 접기를 해요.

3. 접은 모양이에요.

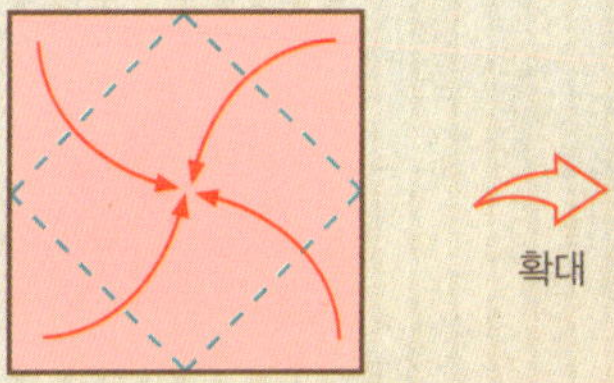

4. 한 번 더 방석 접기를 해요.

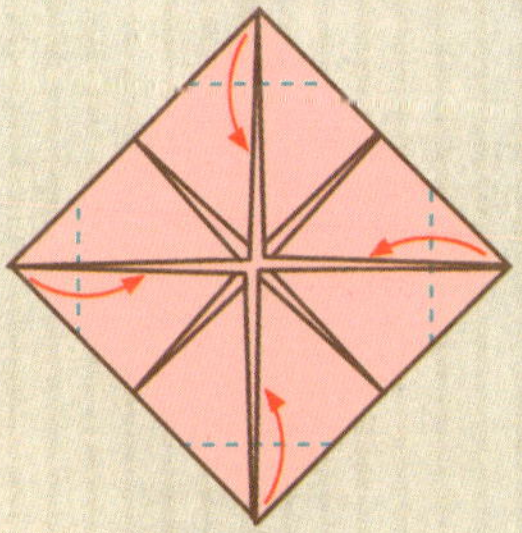

5. 네 곳의 모서리에서 안쪽 3분의 1 지점으로 접어요.

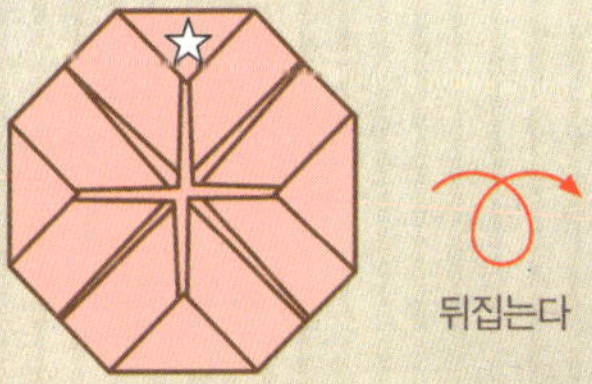

6. 접은 모양이에요.

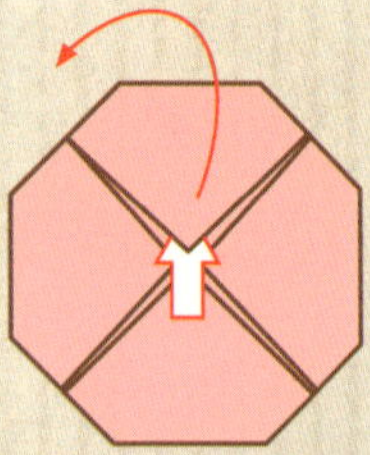

7. 위의 1장만 종이를 들어 올려 ⑥번 과정의 ☆부분을 누르면서 뒤쪽으로 젖히세요.

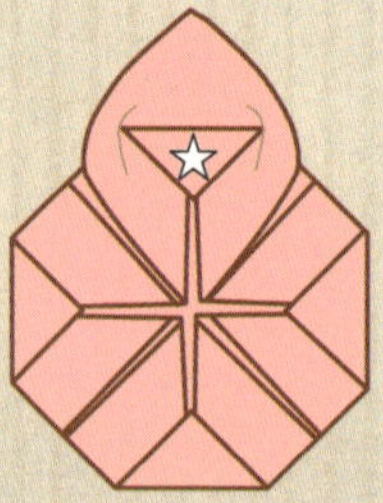

8. 젖혀진 모양이에요. 나머지 세 곳도 같은 모양으로 접어요.

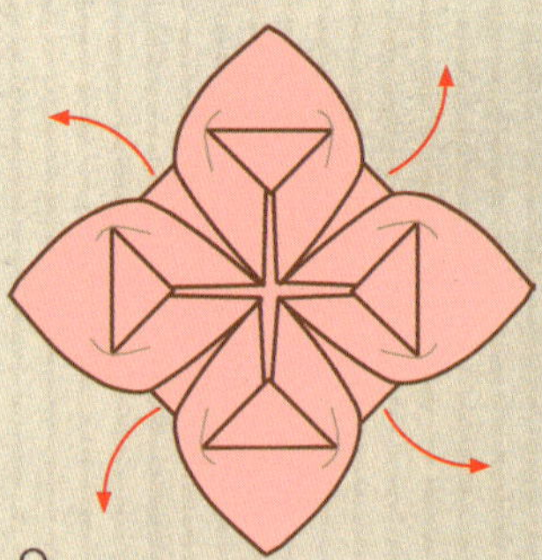

9. 뒷부분의 종이를 네 곳 모두 젖히세요.

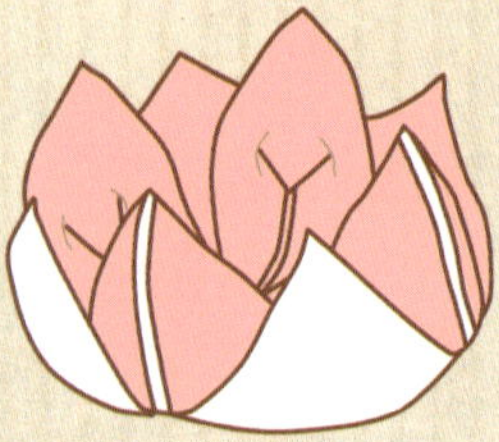

10. 연꽃 완성. 꽃잎의 윗부분을 연필 등을 이용하여 바깥쪽으로 약간 말리게 하면 더욱 예뻐요.

〈 마 끈에 매달기 〉

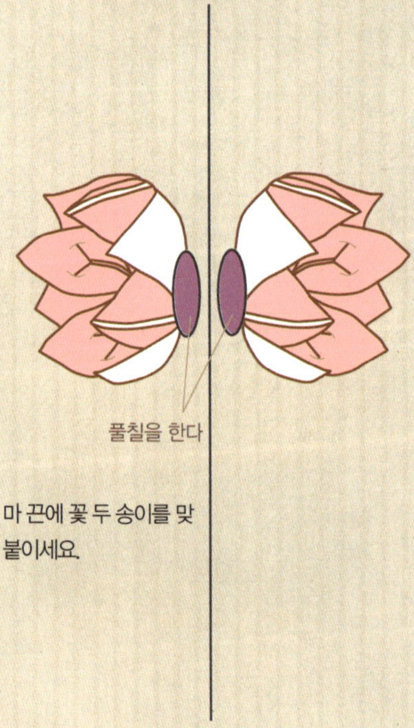

1. 마 끈에 꽃 두 송이를 맞붙이세요.

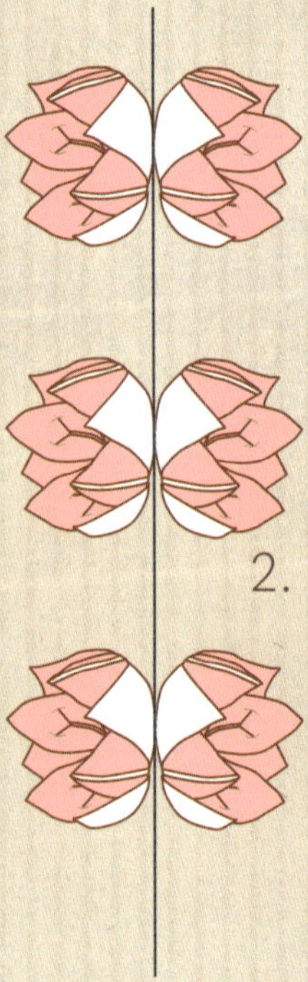

2. 60cm 정도의 마 끈 한 가닥에 연꽃을 서너 쌍씩 붙이세요.

16 벽걸이용 꽃 커버

Photo P26

종이 종류	약간 빳빳한 종이
종이 사이즈	가로 18cm×세로 18cm

가로 5.5cm×
세로 12cm

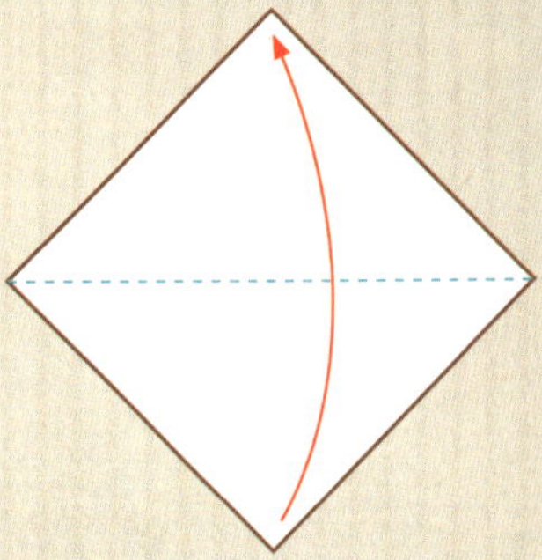

1. 종이의 안면이 위쪽으로 오도록 반으로 접어 삼각형 모양으로 접어요.

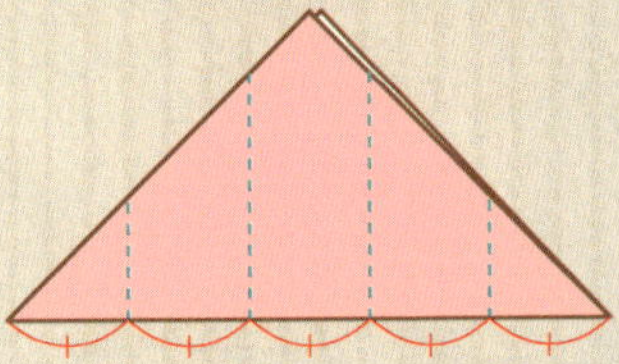

2. 삼각형 모양의 종이를 5등분하여 점선을 만들어요.

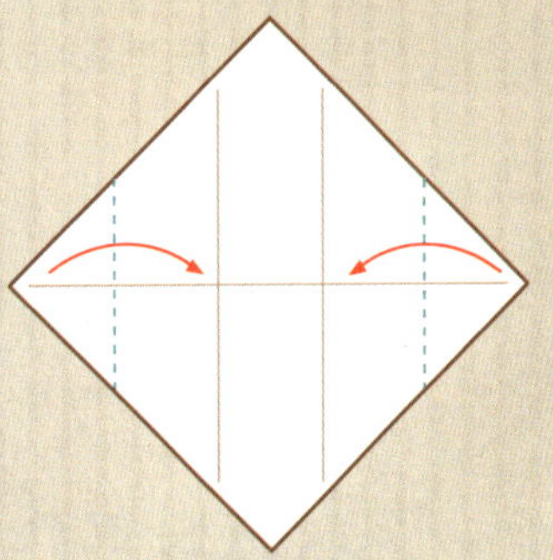

3. 종이를 펼쳐 좌우 끝 부분의 점선을 안쪽으로 접어요.

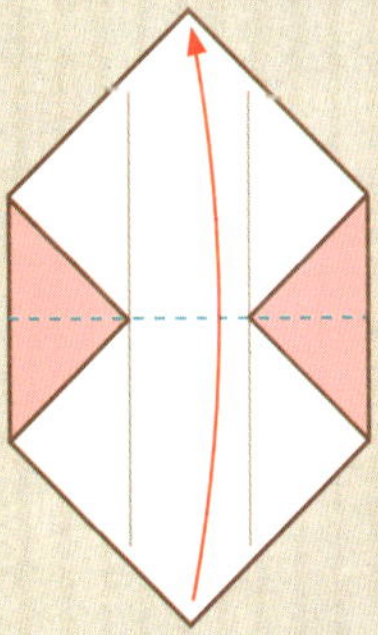

4. 전체를 반으로 접어요.

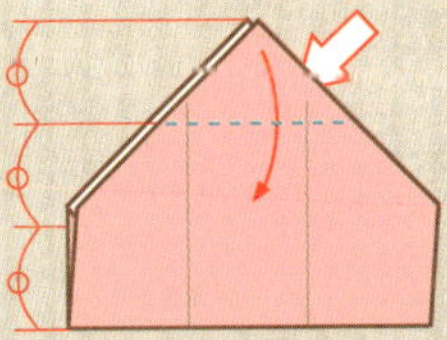

5. 위쪽의 1장만 3분의 1 지점에서 바깥쪽으로 접어 내려요.

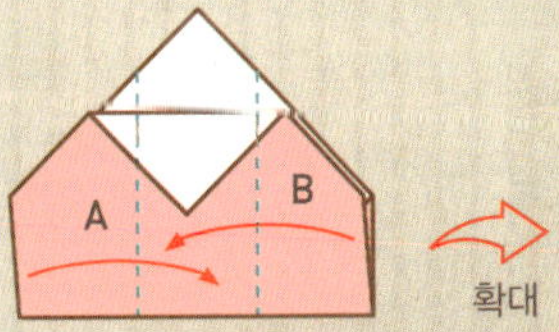

6. A, B 순으로 접어요.

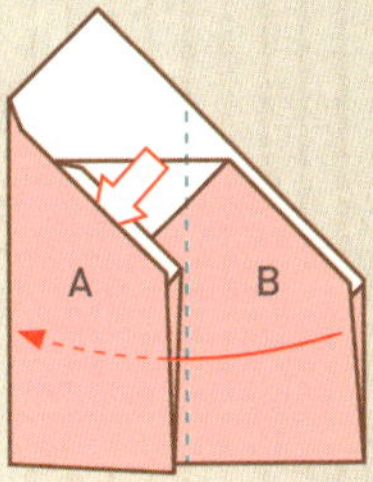

7. A의 속에 B를 끼워 넣어요.

8. 완성(꽃의 뿌리를 물에 적신 티슈 등으로 감싸 랩으로 감싼 다음 흰색 화살표 부분에 끼워 넣고 벽에 고정시켜 장식하세요).

17

Photo P27

종이 화분 받침

종이 종류	약간 빳빳한 종이
종이 사이즈	가로 50cm×세로 50cm

가로 19cm×세로 19cm×높이 16.5cm

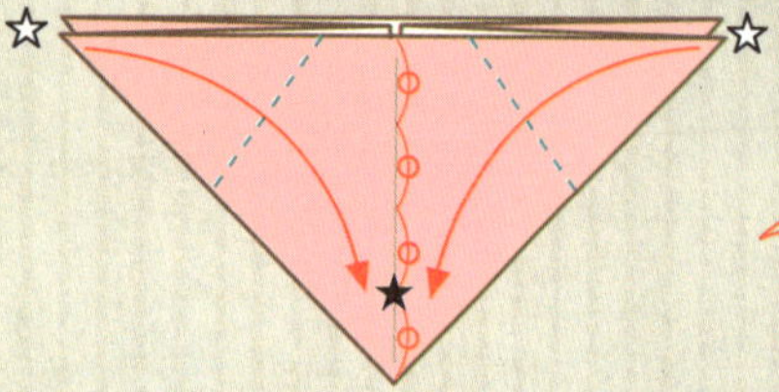

1. 삼각 접기(p.8 참고)를 하여 위쪽의 종이 1장만 좌우의 ☆과 ★이 맞춰지도록 접어요. 뒤쪽도 같은 모양으로 접어요.

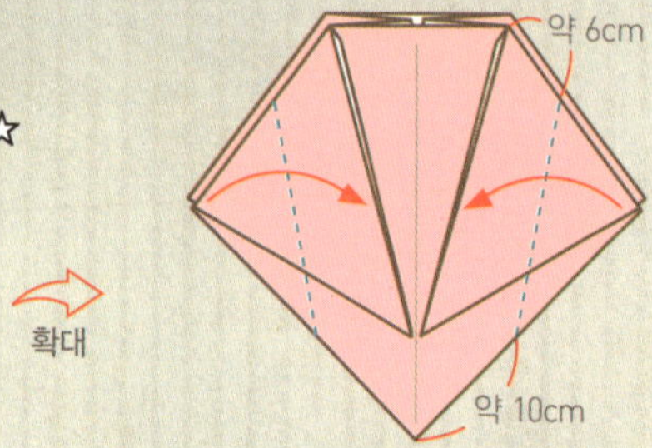

2. 그림과 같이 접어요. 뒤쪽도 같은 모양으로 접어요.

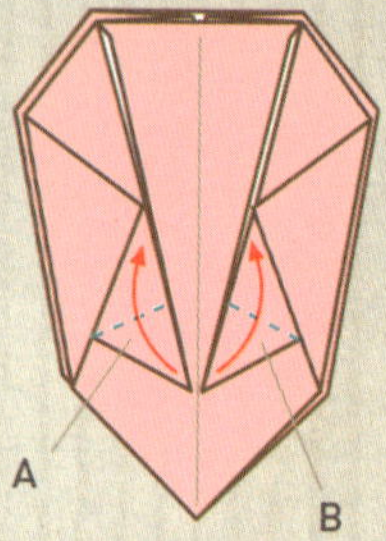

3. 아래쪽 삼각형 부분(A, B)을 각각 1/2등분하여 접고 뒤쪽도 같은 모양으로 접어요.

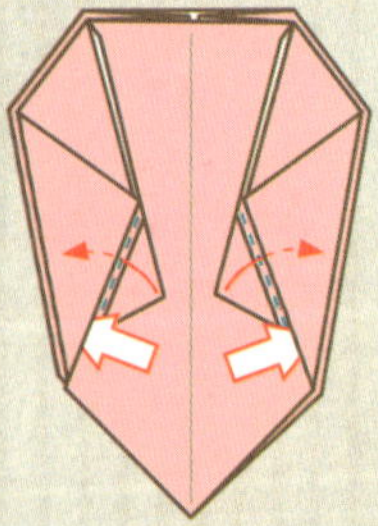

4. ③번 과정에서 접은 부분을 포켓에 끼워 넣어요.

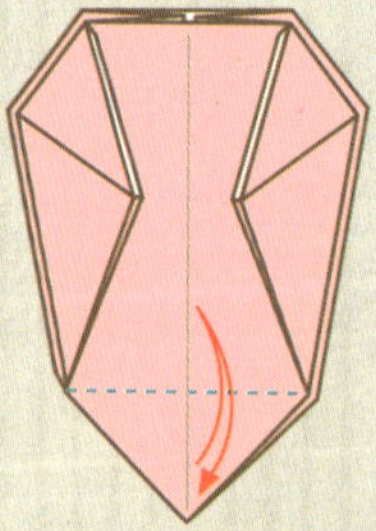

5. 그림과 같이 점선을 만들어요.

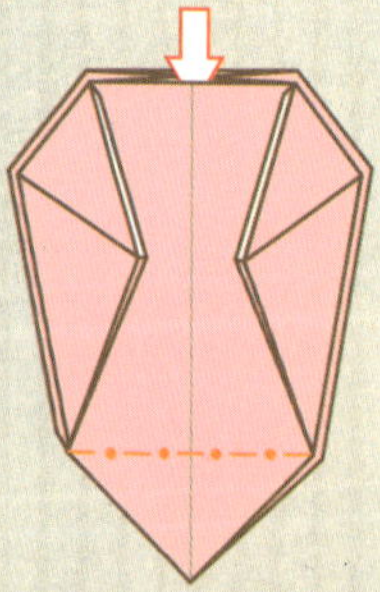

6. 위쪽의 공간을 펼쳐 바닥을 평평하게 하세요.

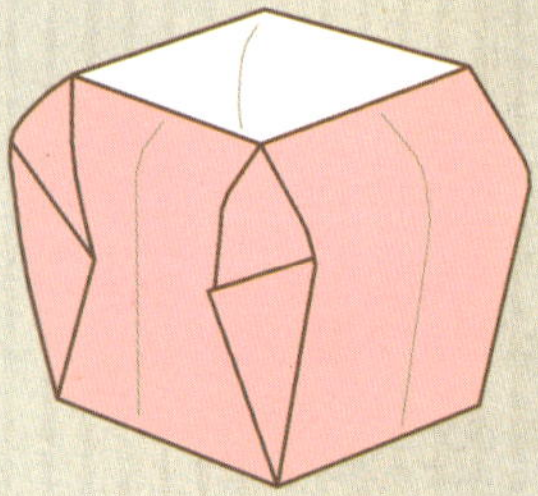

7. 완성.

Kitchen

특별한 날에 친구들을 초대할 때,
직접 만든 소품으로 테이블을 장식한다면 정말 근사할 거예요.
앙증맞은 젓가락 받침이나 코스터 등의
키친 웨어가 있다면 식사 시간이 더욱 즐거워집니다.

※ 완성된 사이즈는 표준입니다. 사용하는 종이의 두께나 접는 폭에 따라 사이즈가 달라집니다.

18

심플한 젓가락 받침

만드는 법 P72

자투리 종이로 손쉽게 만들 수 있는 젓가락 받침.
남은 종이로 여러 개 만들어두면 요긴하게 사용할 수 있어요.

19 닭과 백조 젓가락 받침

만드는 법 P73

도트 무늬의 귀여운 닭과 백조.
친구를 초대했을 때 사용하면 위트 있는 젓가락 받침이에요.

20 스타일리시한 젓가락집

만드는 법 P75

여러 개 가지고 있으면 뿌듯해지는 젓가락집.
왁스 페이퍼 등의 종이로 다양한 젓가락집을 만들어보세요.

21 이쑤시개&포크 케이스

만드는 법 P76

여러 가지 무늬로 장식된 케이스에
이쑤시개를 담아두면 정말 근사해요.
포크용 케이스는 빳빳한 종이를 사용하면 좋아요.
원안 | 가토 사부로(加藤三郎)

22 꽃을 붙인 캔들 홀더

만드는 법 P77

레이스 페이퍼를 사용한 캔들 홀더는 한가운데 붙인 활짝 핀 꽃이 포인트랍니다.
캔들 홀더로 분위기 있는 시간을 즐겨보세요.

23 하트 모양 냅킨 링

만드는 법 P78

레이스 하트가 냅킨을 더욱 고급스럽게 만들어요.
격식 있는 디너 테이블에 사용하면 정말 잘 어울립니다.

원안 | 프란시스 오우(Francis Ow's)

24 꽃무늬 커트러리 케이스 만드는 법 P80

런치 타임에 친구를 초대할 때는 커트러리 케이스에도 센스를 발휘하세요.
친구들과의 식사 시간이 한층 더 분위기 있을 거예요.

25 조미료 수납 케이스 만드는 법 P81

조미료는 전용 케이스에 깔끔하게 정리해두세요.
더러워지면 바로 다시 만들 수 있어 편리합니다!

26 종이학 런천 매트 만드는 법 P82

종이로 만든 런천 매트.
살포시 내려앉은 듯한 학이 런천 매트를 예쁘게 꾸며줍니다.

27 격자무늬 런천 매트

만드는 법 P84

두 장의 종이를 격자 상태로 엮어 만들어요.
좋아하는 종이를 사용해 다양한 변화를 즐겨보세요.

28 수리검 코스터

만드는 법 P85

수리검은 닌자들이 손안에 쥐고 있다가 적에게 던지는 작은 칼이에요.
모노톤의 종이로 수리검을 만들면 모던한 코스터로 변신합니다!

29 포인세티아 코스터

만드는 법 P86

빨강과 초록의 조화가 화려한 코스터.
파티장 분위기를 살리는 데 제격입니다.

원안 | 나카지마 스스무(中島進)

30 핑크 카네이션 장식

만드는 법 P88

그러데이션이 있는 종이를 사용하면 각양각색의
카네이션을 완성할 수 있습니다.

31 이쑤시개 보관함이 딸린 화과자 접시

만드는 법 P89

얇은 종이로 만든 육각형 모양의 화과자 접시.
이쑤시개도 끼워져 있어 기분까지 좋아지는 앙증맞은 접시입니다.

32 꽃무늬 과자 상자

만드는 법 P91

티타임에는 소박한 박스에 담긴 과자로
여유로운 시간을 보내세요.

33 나룻배 모양 바스켓

만드는 법 P92

둥그스름한 모양의 앙증맞은 종이 바스켓.
빵이나 과자뿐 아니라 소품을 넣기에도 안성맞춤이랍니다.

34

간단한 케이크 상자

만드는 법 P93

직접 구운 쿠키를 케이크 상자에 넣어
친구에게 선물해보세요.
정성 가득한 선물에 친구가 무척 감동할 거예요.

35 런치 박스

만드는 법 P94

런치 타임을 즐겁게 장식할 런치 박스.
안과 바깥 종이의 무늬를 다르게 만들면
기분까지 좋아져요.

36 트위스트 꽃병 커버

만드는 법 P95

비틀린 형태가 매력적인 꽃병 커버.
식탁이 스타일리시한 공간으로 바뀝니다.

37 나무 모티브 꽃병 커버

만드는 법 P96

색지를 나무 모양으로 싹둑싹둑 자르면
근사한 꽃병 커버가 만들어집니다.
어느 공간에 두어도 잘 어울린답니다.

18

Photo P52

심플한 젓가락 받침

종이 종류	약간 빳빳한 종이
종이 사이즈	세로 8cm×가로 8cm

가로 4cm×높이 2cm

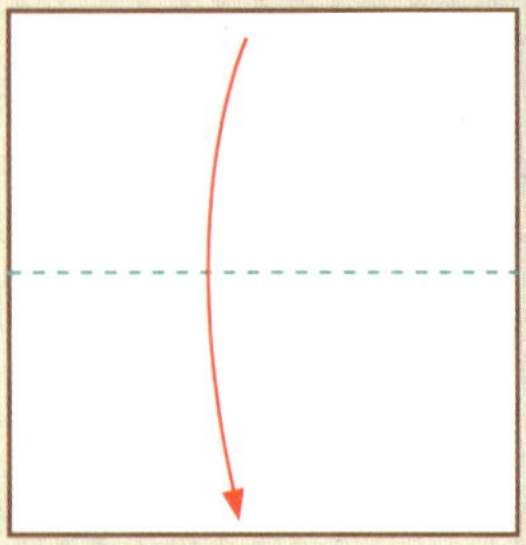

1. 종이의 안면이 위쪽으로 오도록 반으로 접어요.

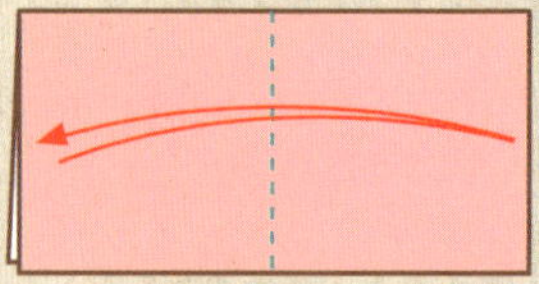

2. 다시 한 번 반으로 접어 점선을 만들어요.

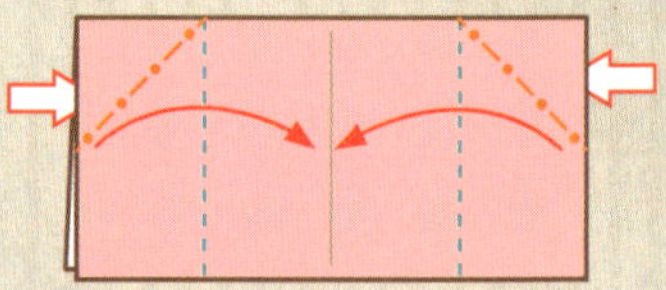

3. 그림과 같이 접으면서 양 끝의 사이를 벌리세요.

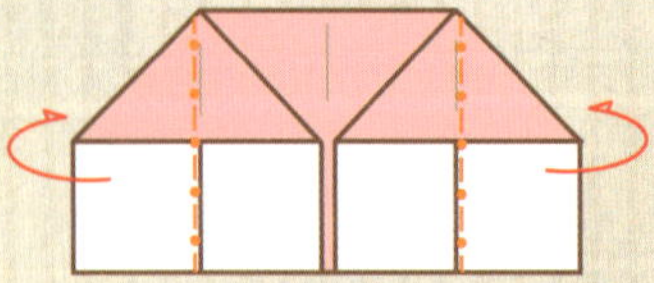

4. 양 끝을 바깥으로 접어요.

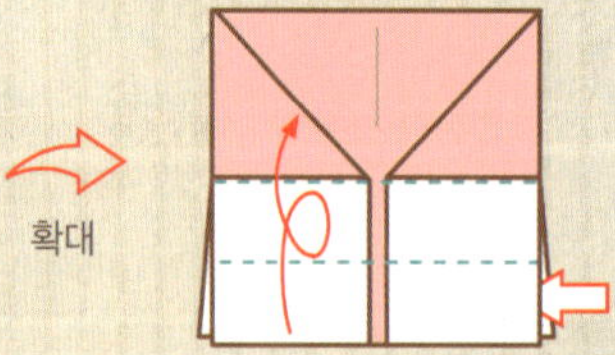

5. 화살표처럼 아래쪽을 벌린 다음 위로 말아 접기를 해요(뒤쪽도 같은 방법으로 접어요).

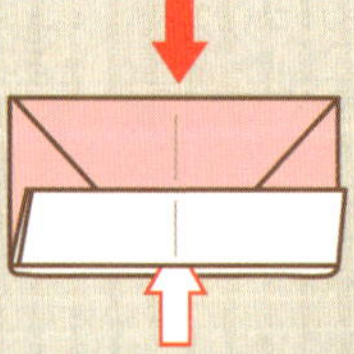

6. 아래쪽을 벌리고 위쪽을 살짝 눌러요.

7. 완성.

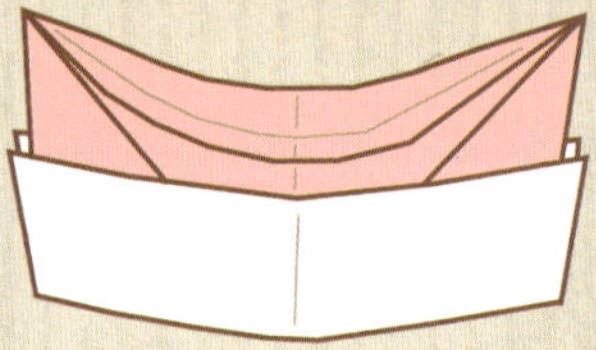

19

Photo P.53

닭과 백조 젓가락 받침

종이 종류	약간 빳빳한 종이
종이 사이즈	[닭] 세로 7.5cm×가로 7.5cm
	[백조] 세로 10cm×가로 10cm

각각 가로 4cm×
높이 3.5cm×폭 2cm

〈 닭 〉

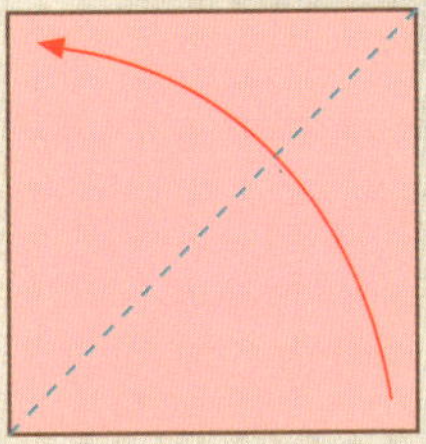

1. 종이의 겉면을 위쪽으로 놓고 삼각형으로 접어 올려요.

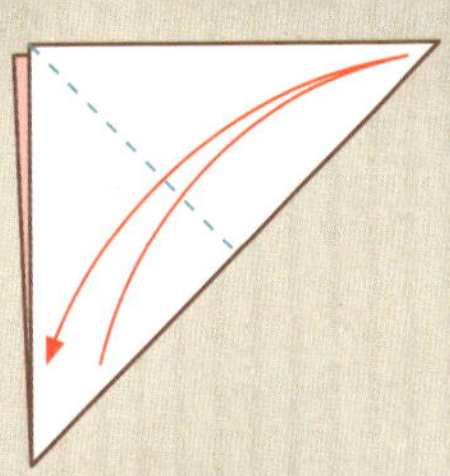

2. 그림과 같이 점선을 만들어요.

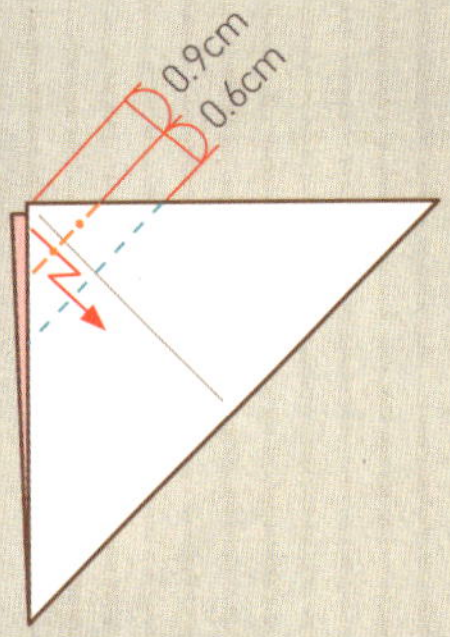

3. 위의 1장만 그림과 같이 단으로 접어요.

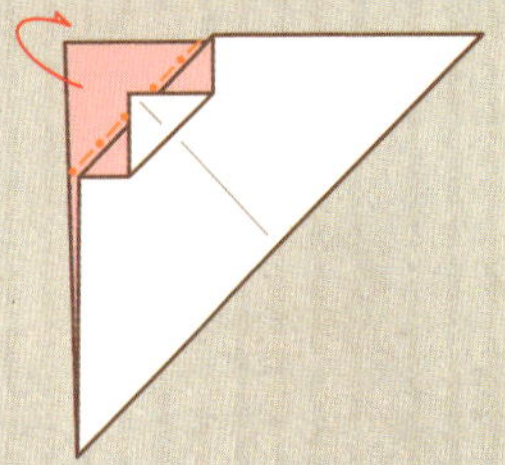

4. 뒤의 1장은 단으로 접은 곳에 맞추어 뒤쪽으로 접어요.

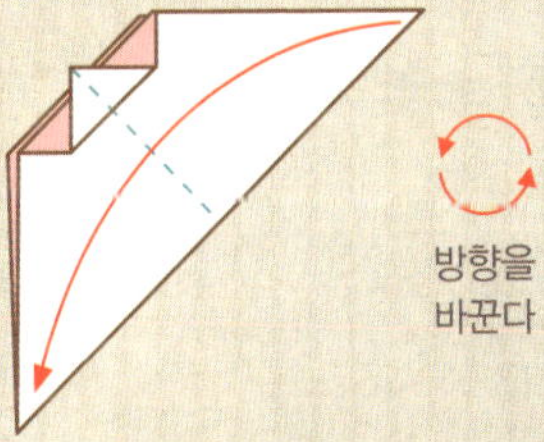

5. 전체를 반으로 접어요.

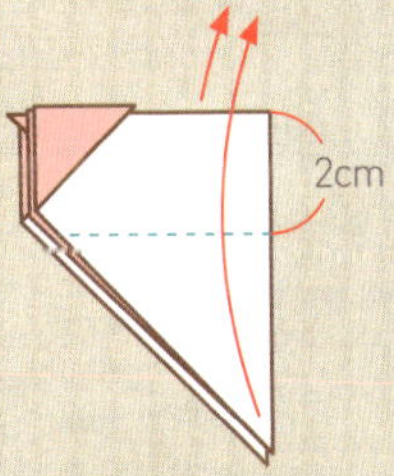

6. 그림과 같이 위쪽으로 접어 올리는데, 뒤쪽도 같은 모양으로 접어요.

7. ☆부분을 손가락으로 잡고 비스듬하게 잡아 당기세요(⑧번 과정의 그림 참조).

8. 완성.

〈 백조 〉

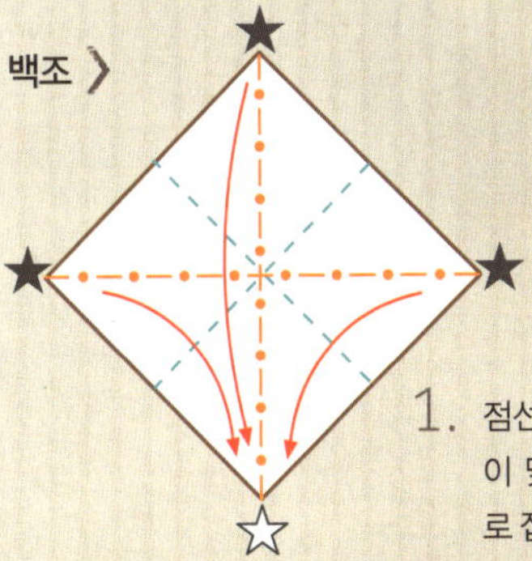

1. 점선을 만들어 ☆에 ★이 맞닿도록 사각형으로 접어요.

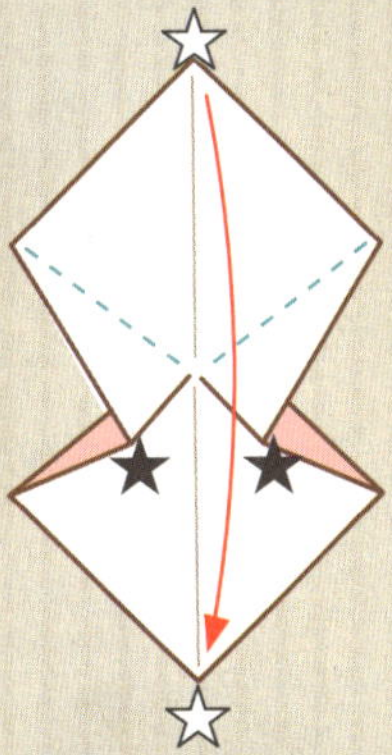

2. 접는 과정의 모양이에요.

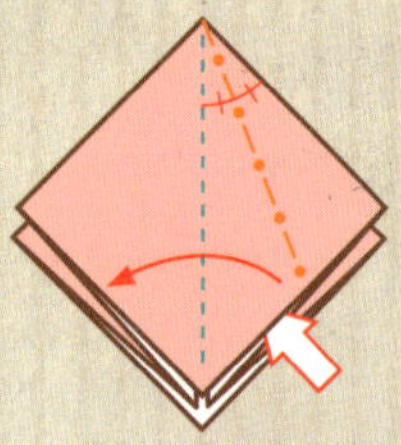

3. 그림과 같이 접어요.

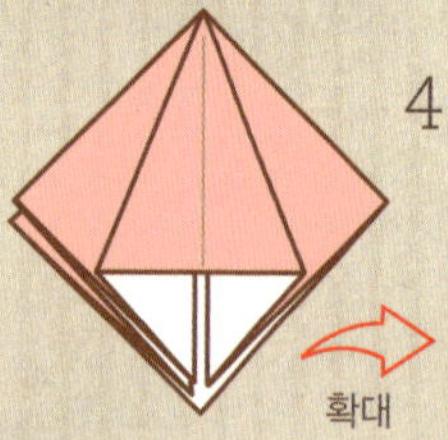

4. 접은 모양이에요. 나머지 세 부분도 같은 모양으로 접어요.

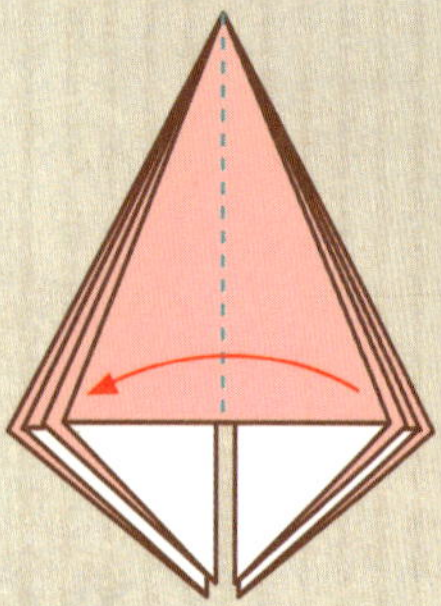

5. 윗부분의 종이 1장만 왼쪽으로 접고, 뒤쪽도 같은 모양으로 접어요.

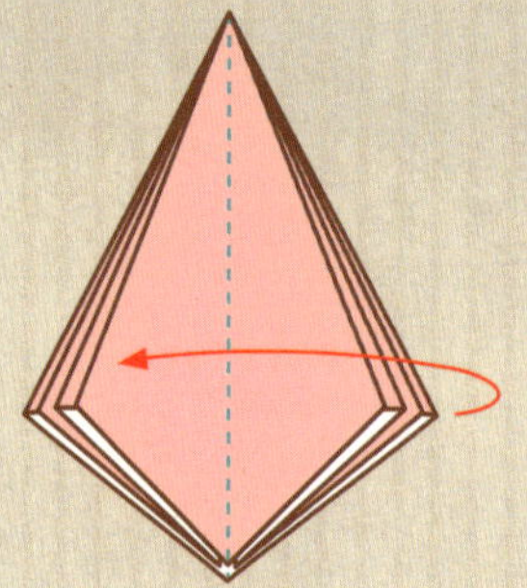

6. 전체를 반으로 접어요.

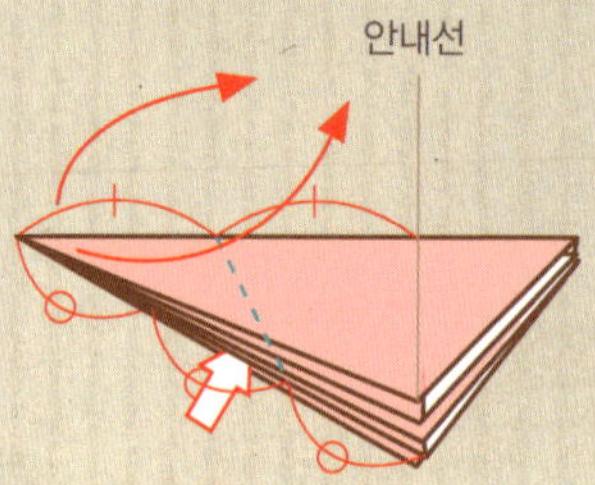

7. 그림의 위치에서 점선을 만들어 덮어 접기(p.8 참고)를 해요.

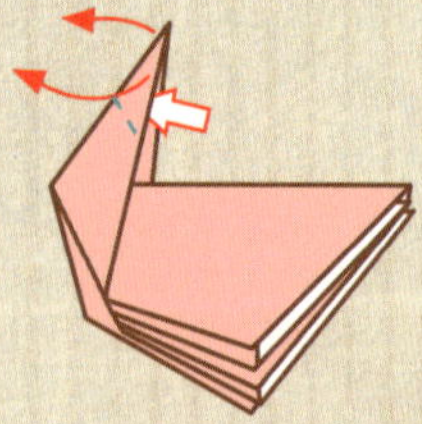

8. 점선을 만들어 덮어 접기를 해요.

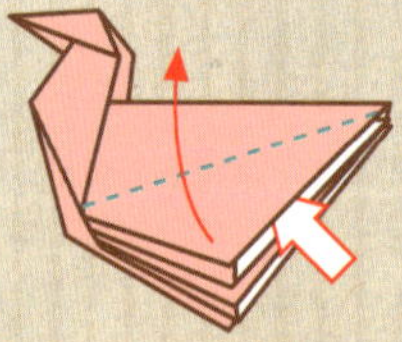

9. 위쪽 1장만 비스듬하게 접어요.

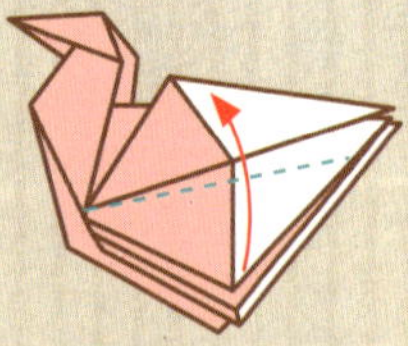

10. 다음의 1장을 ⑨번과 같은 모양으로 위쪽에서 약간 빗겨나가도록 접어요.

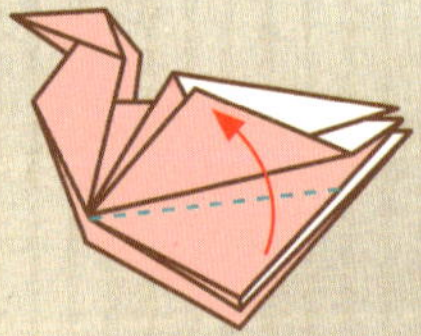

11. ⑩번과 같은 모양으로 접어요.

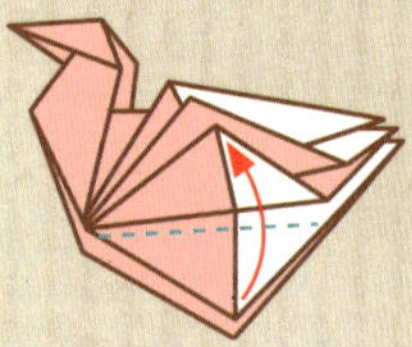

12. 다음 종이도 같은 모양으로 접어요.

13. 접은 모양이에요. 뒤쪽 4장도 같은 모양으로 접어요.

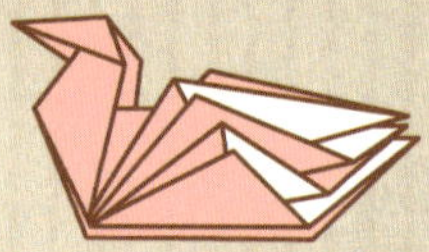

14. 완성.

20

Photo P54

스타일리시한 젓가락집

종이 종류	여러 가지 무늬의 종이, 왁스 페이퍼
종이 사이즈	가로 13.5cm×세로 18cm

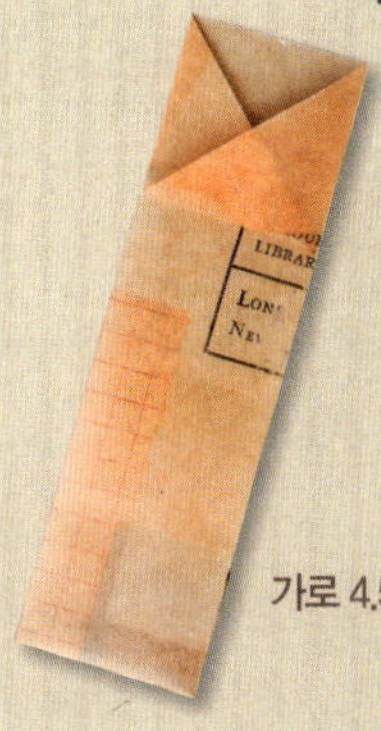

가로 4.5cm×세로 15cm

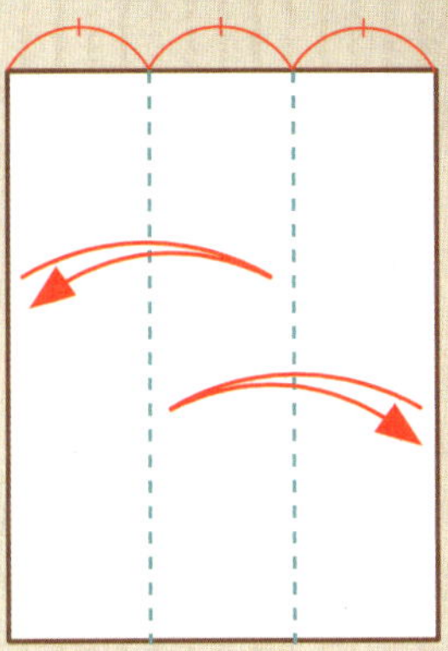

1. 종이의 안면이 위쪽으로 오도록 3등분하여 점선을 만들어요.

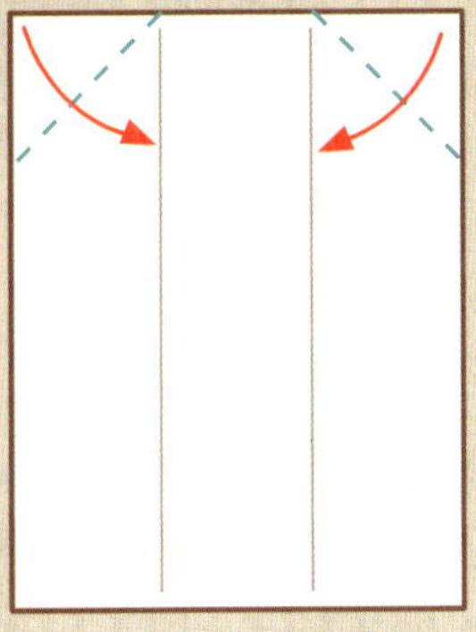

2. 그림과 같이 접어요.

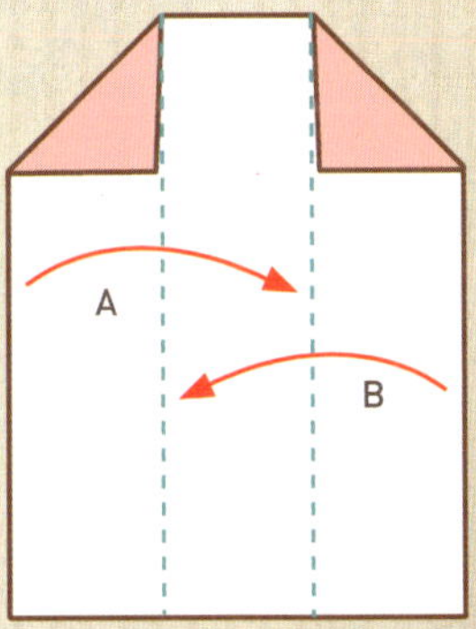

3. A, B 순으로 접어요.

확대

4. 아래에서 3cm 되는 지점에서 그림과 같이 접어요.

5. 완성.

21

Photo P55

이쑤시개&포크 케이스

[포크용] 가로 3.5cm× 세로 3.5cm×높이 5.5cm

[이쑤시개용] 가로 3cm× 세로 3cm×높이 3.5cm

종이 종류	[이쑤시개용] 약간 빳빳한 종이
	[포크용] 빳빳한 종이
종이 사이즈	[이쑤시개용] 가로 10cm×세로 10cm, [포크용] 가로 15cm×세로 15cm
원안 I 가토 사부로(加藤三郎)	

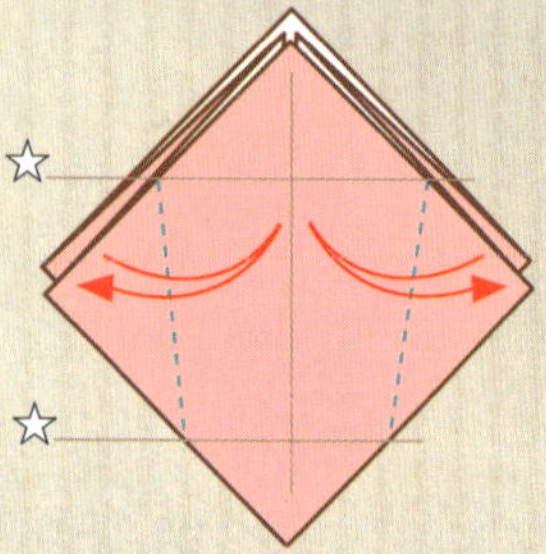

1. 사각 접기(p.8 참고)를 하여 ☆ 부근에서 좌우 모서리가 중심선에 맞춰지도록 점선을 만들어요. 뒤쪽도 같은 모양으로 점선을 만들어요.

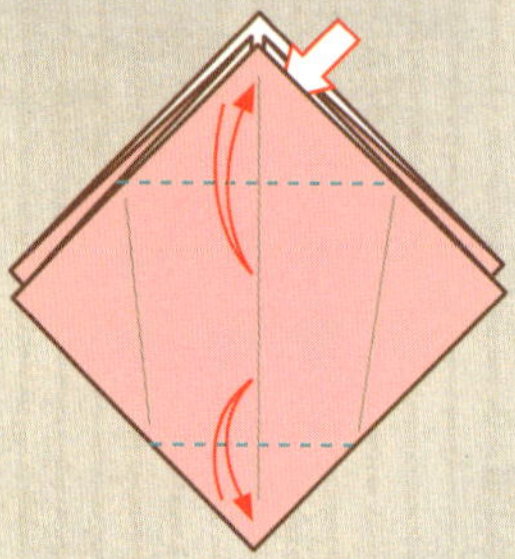

2. 아래쪽은 한데 모으고, 위쪽은 1장씩 4장 모두 그림과 같이 점선을 만들어요.

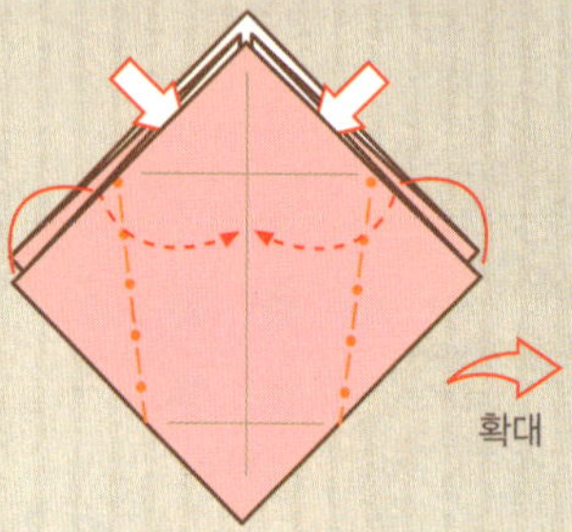

3. ①번 과정에서 만든 점선을 사용하여 안쪽으로 접어 넣어요(p.8 참고). 네 곳 모두 같은 모양으로 접어요.

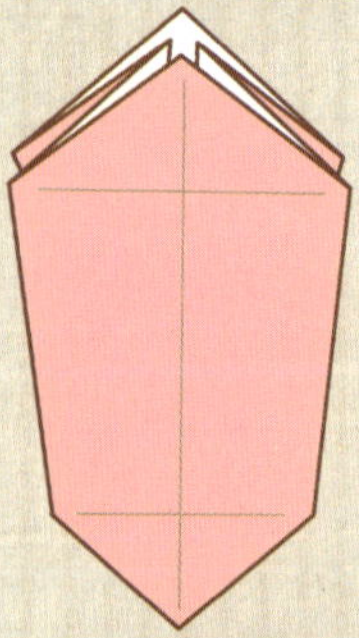

4. 접은 모양이에요. 전체를 약간 펼치세요.

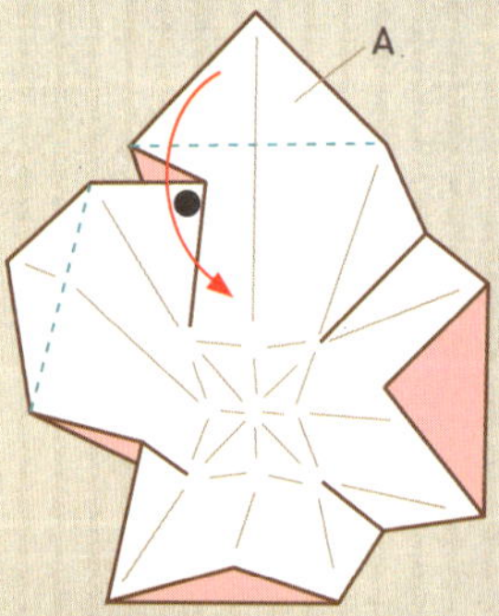

5. ●부분을 끼워 넣듯이 하여 A부분을 안으로 접어 넣어요. 나머지 세 곳도 같은 모양으로 접어요.

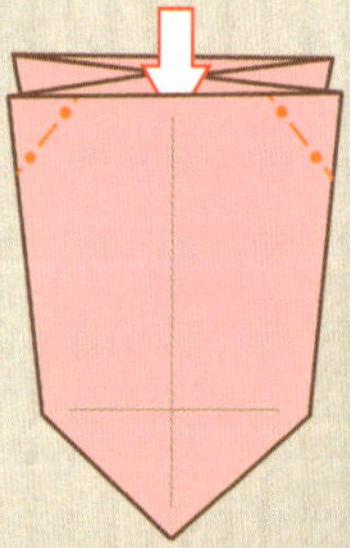

6. 점선을 만들어 안쪽으로 접어 넣고 모서리를 풀로 붙이세요.

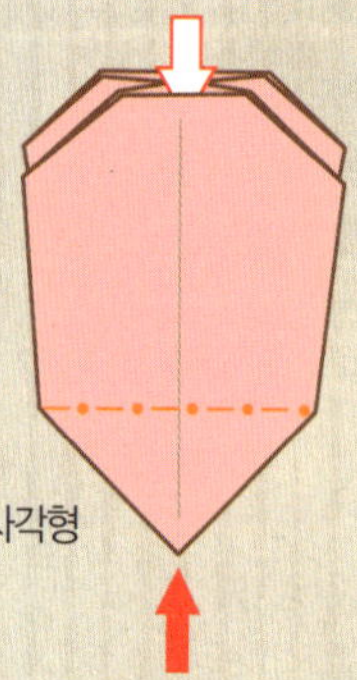

7. 위를 펼치면서 바닥을 사각형으로 평평하게 접어요.

8. 완성.

22

Photo P56

꽃을 붙인 캔들 홀더

종이 종류	[본체] 타원형 레이스 페이퍼, [장식 종이] 왁스 페이퍼(얄팍한 종이)
종이 사이즈	[본체] [장식 큰 것] 가로 5cm×세로 5cm
	[장식 작은 것] 가로 4cm×세로 4cm

지름 7.5cm×높이 10cm
(지름 7.5cm의 홀더에 가로 30cm×
세로 20cm의 레이스 페이퍼를 붙인 경우)

〈 본체 〉

1. 타원형의 레이스 페이퍼를 가로로 반으로 자르세요

2. 완성(캔들 홀더에 감싸 붙이세요).

〈 장식 〉

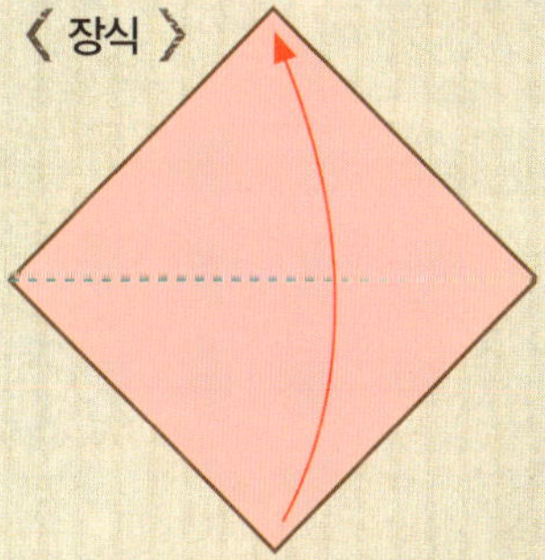

1. 종이의 겉면을 위쪽으로 놓고 반으로 접어 삼각형 모양으로 만들어요.

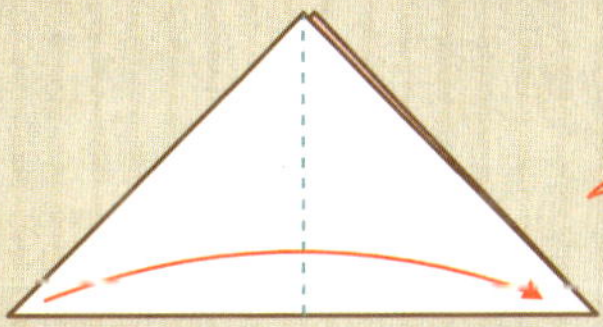

2. 한 번 더 반으로 접어요.

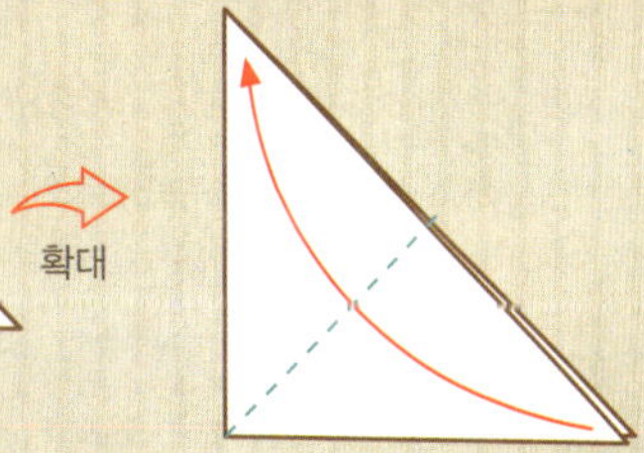

3. 한 번 더 반으로 접어요.

4. 페이퍼 패턴을 올려놓고 패턴대로 잘라 살살 펼치세요. 페이퍼 패턴은 클립이나 테이프로 고정시키면 편리해요.

페이퍼 패턴
※ 확대 복사하여 사용하세요.

5. 큰 것, 작은 것 2장의 장식 종이를 겹쳐놓고 가운데 풀칠해서 붙이면 완성(장식 종이 꽃의 뒤쪽 중심에 풀칠을 하여 본체의 중앙에 붙이면 입체적으로 보여요).

23

하트 모양 냅킨 링

Photo P57

종이 종류	레이스 페이퍼
종이 사이즈	가로 23cm×세로 30cm
원안 I 프란시스 오우(Francis Ow's)	

가로 23cm×세로 10.5cm

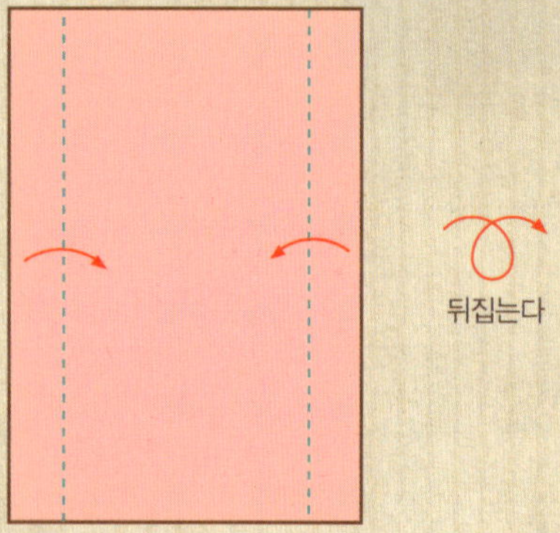

1. 종이의 겉면을 위쪽으로 놓고 좌우 4cm 지점을 접어요.

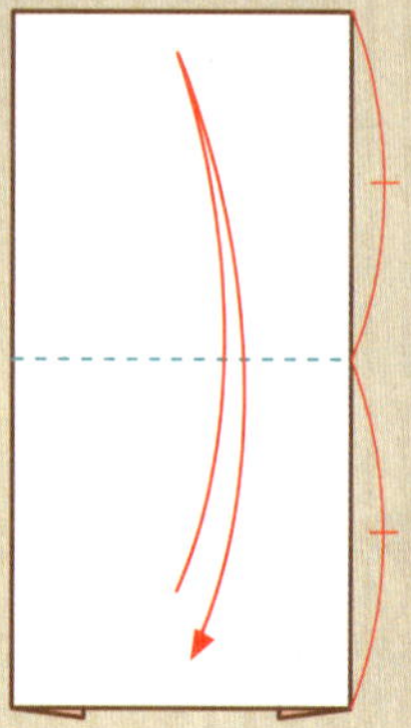

2. 반으로 접어 점선을 만들어요.

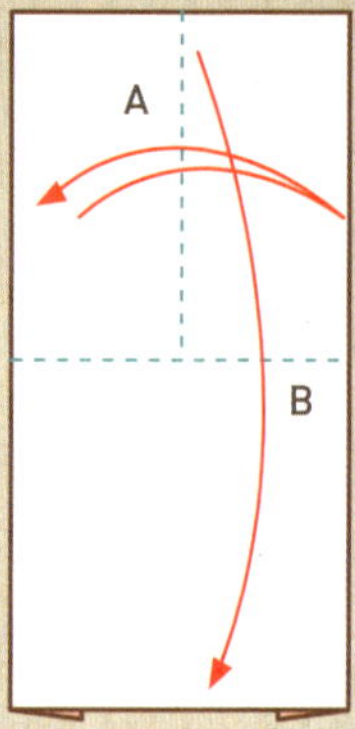

3. A 점선을 만든 다음 B와 같이 접어요.

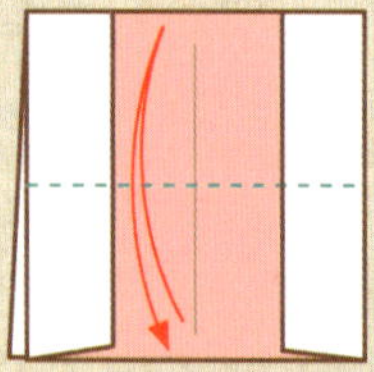

4. 반으로 접어 점선을 만들어요.

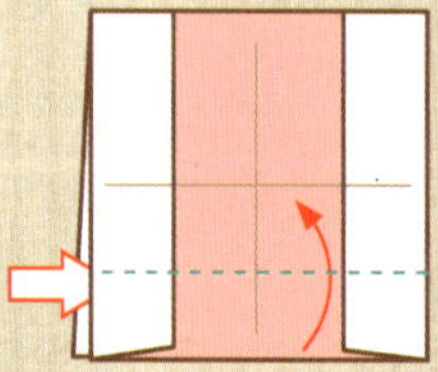

5. 위의 1장만 1/4등분하여 접어 올려요.

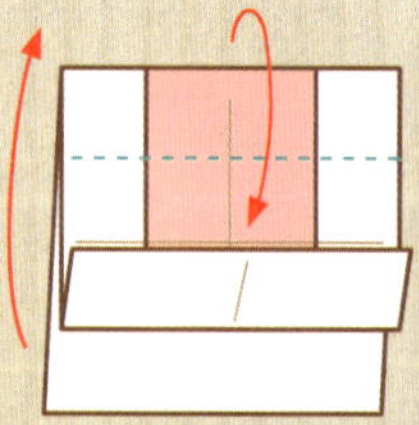

6. 뒤쪽이 접히지 않도록 그림의 위치에서 안으로 접어요(⑦번 과정 참조).

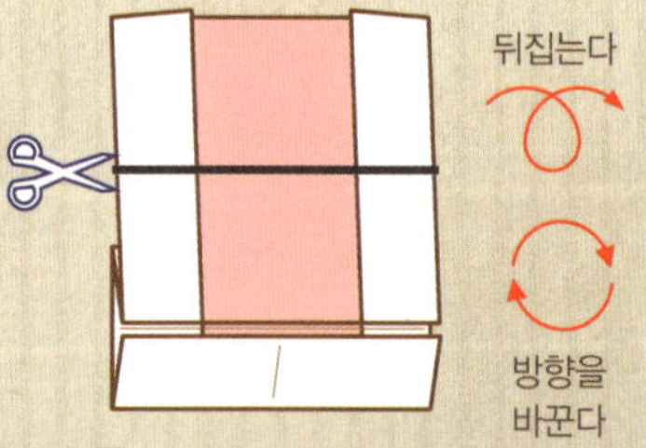

7. 접은 모양이에요. ④번 과정에서 만든 점선을 잘라내요.

8. 모서리를 삼각형으로 접어 점선을 만들어요.

9. 그림과 같이 펼쳐 접어요.

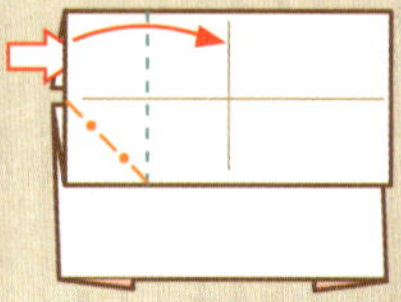

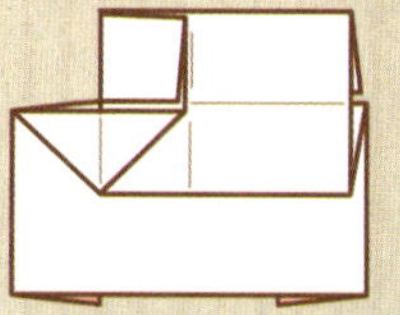

10. 접은 모양이에요. 오른쪽도 ⑧번, ⑨번과 같은 모양으로 접어요.

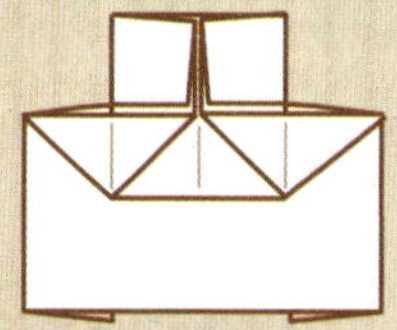

11. 접은 모양이에요.

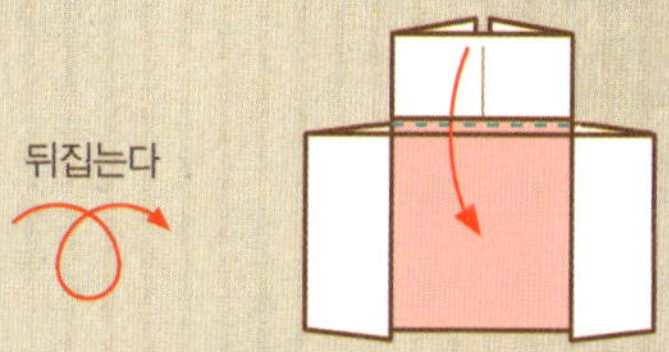

12. 그림과 같이 접어요.

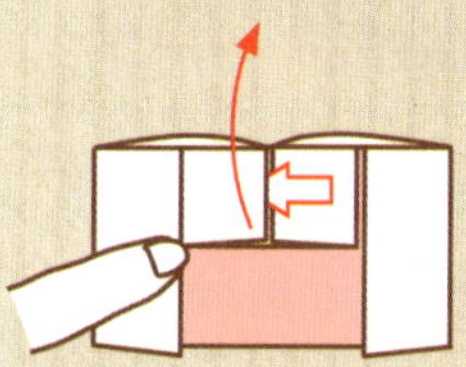

13. 사이를 벌려 모서리를 누르듯이 접어요.

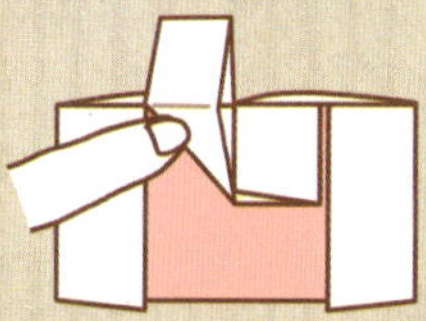

14. ⑬번 과정을 접고 있는 모양이에요. 반대쪽도 ⑬번 과정과 동일하게 접어요.

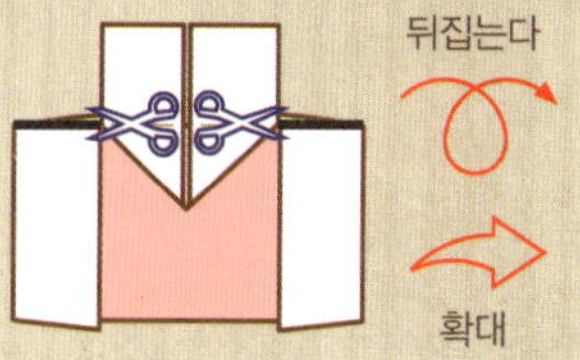

15. 접은 모양이에요. 좌우에 가위집을 넣어요.

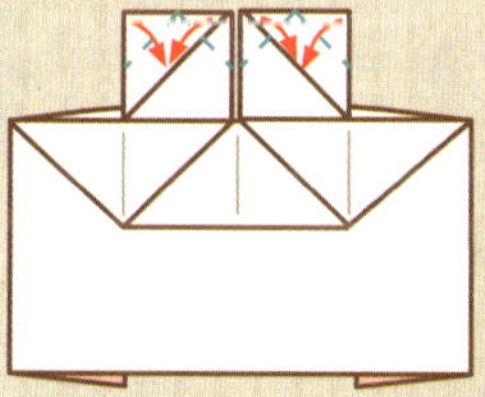

16. 모서리를 네 곳 모두 삼각형으로 접어요.

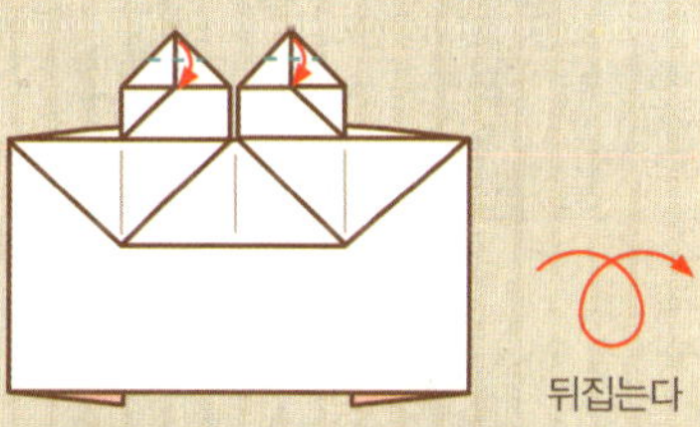

17. 끝의 두 곳 모두 반으로 접어요.

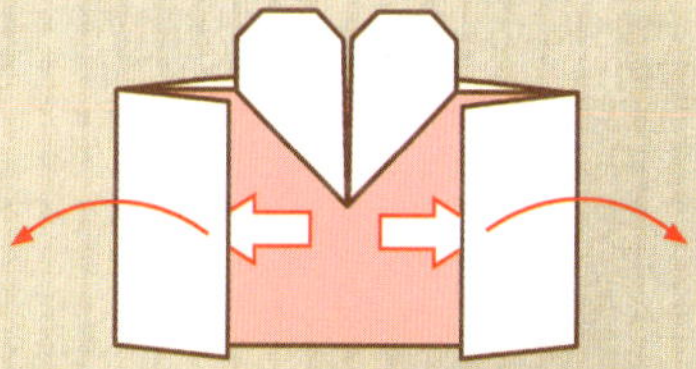

18. 양쪽을 펼치세요.

19. 완성. 냅킨에 말아 뒤쪽에서 고정시키세요.

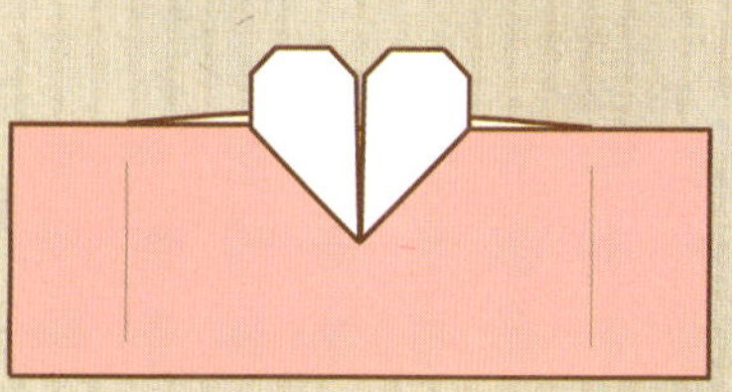

24 꽃무늬 커트러리 케이스

Photo P58

종이 종류	꽃무늬 종이
종이 사이즈	가로 32cm×세로 24cm

가로 24cm×세로 8cm×높이 4cm

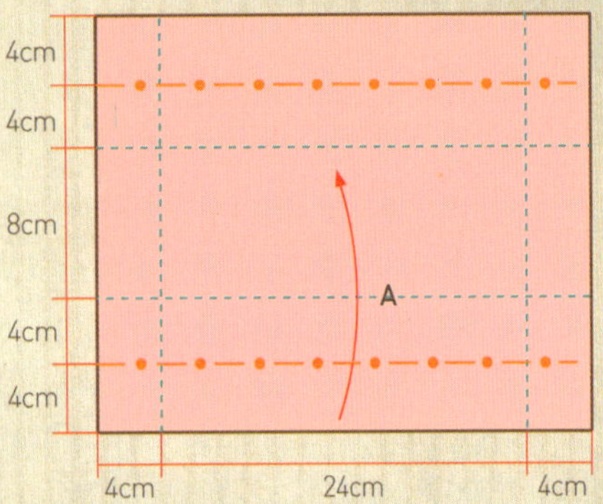

1. 그림과 같이 점선을 만들어요. A의 선만 안으로 접어 올려요.

2. 좌우 모두 모서리를 삼각형으로 접어 점선을 만들어요. 한 번 펼쳐 B를 안으로 접어 올렸다가 펼치세요.

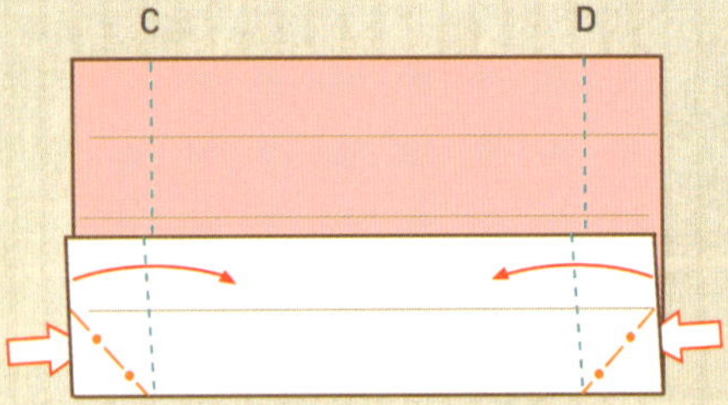

3. 사이를 벌려 C, D에 맞춰 안으로 접어 올리면서 옆면을 세우세요(④번 과정 참조). 반대쪽도 같은 모양으로 접어요.

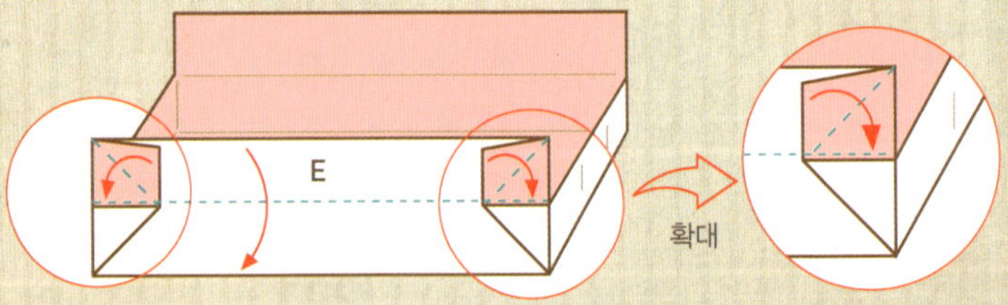

4. 동그라미 안의 그림처럼 삼각형을 접고 반대쪽도 같은 모양으로 접어요.

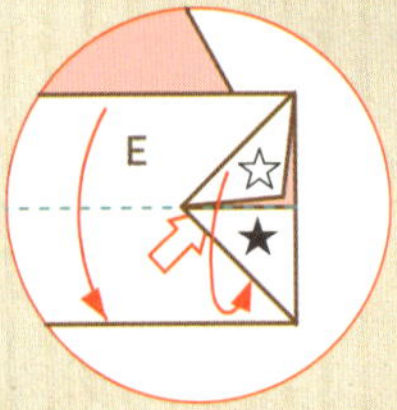

5. E를 접으면서 ④번 과정에서 접었던 ☆을 ★의 뒤쪽에 끼워 넣고 반대쪽도 같은 모양으로 접어요.

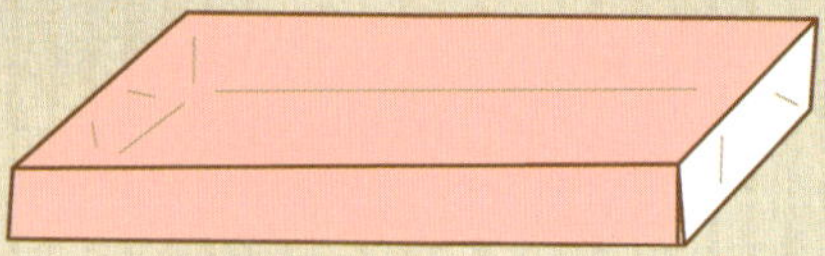

6. 완성.

25 조미료 수납 케이스

Photo P59

종이 종류	[겉면] 단색 종이, [안면] 좋아하는 무늬의 종이
종이 사이즈	[겉면] 가로 20cm×세로 17cm, [안면] 가로 20cm×세로 17cm

가로 14cm×세로 7cm×높이 3cm

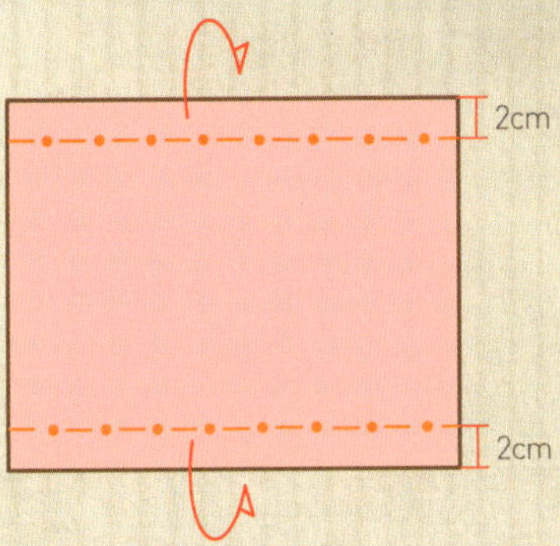

1. 겉과 안의 종이를 안면이 마주하도록 겹치고 겉 종이를 위에 놓고 위아래 2cm를 바깥으로 접어요.

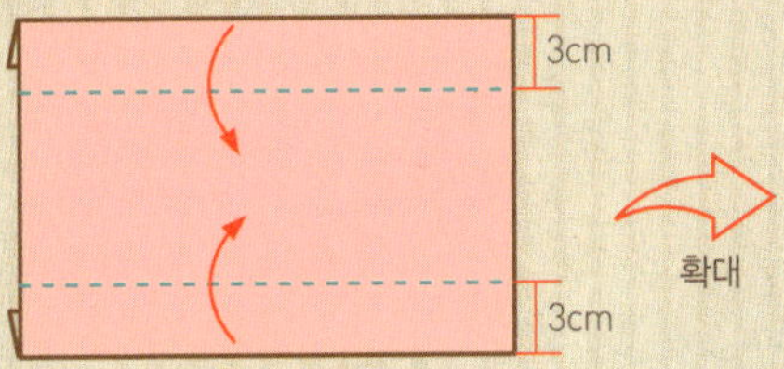

2. 그대로 위아래 3cm를 안으로 접어요.

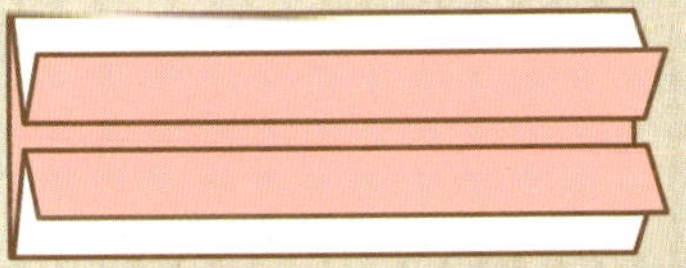

3. 접은 모양이에요.

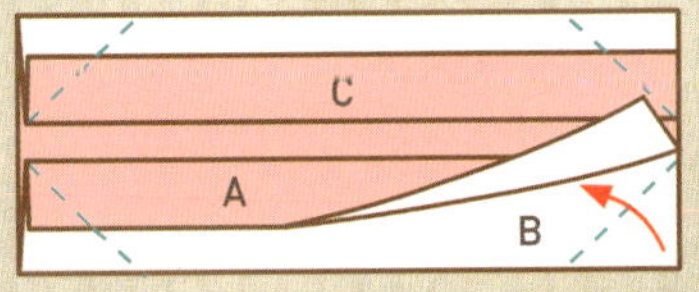

4. A를 젖혀 B의 모서리를 좌우 모두 접고 C도 같은 모양으로 접어요.

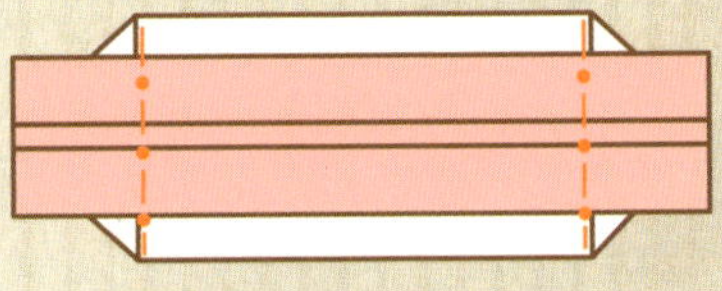

5. 양 끝을 바깥으로 접어 점선을 만들어요.

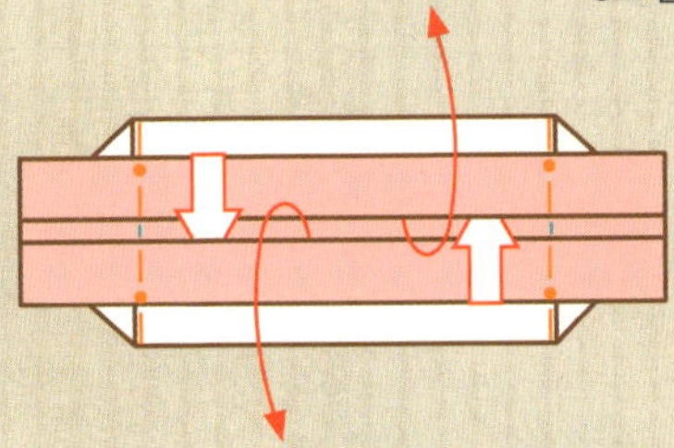

6. 화살표대로 펼쳐 입체적으로 만들어요.

7. 완성.

26 종이학 런천 매트

Photo P60

종이 종류	화려한 무늬의 종이
종이 사이즈	가로 36cm×세로 24cm

가로 26cm×세로 24cm

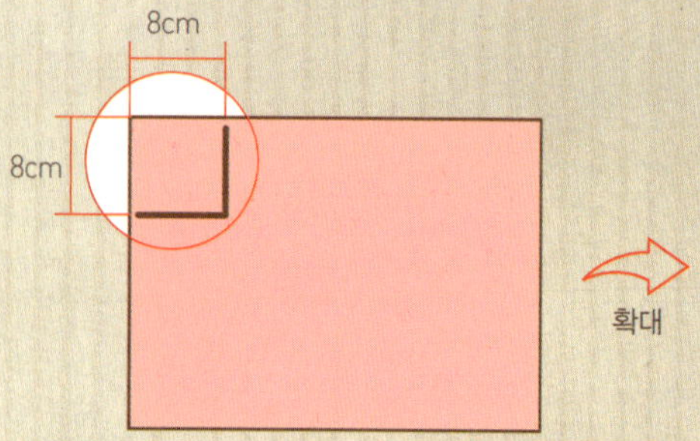

1. 종이의 겉면을 위쪽으로 놓고 그림의 위치에서 칼선을 넣어요. 종이 끝 부분에서 0.5cm 정도 떨어진 지점에 칼선을 넣어요.

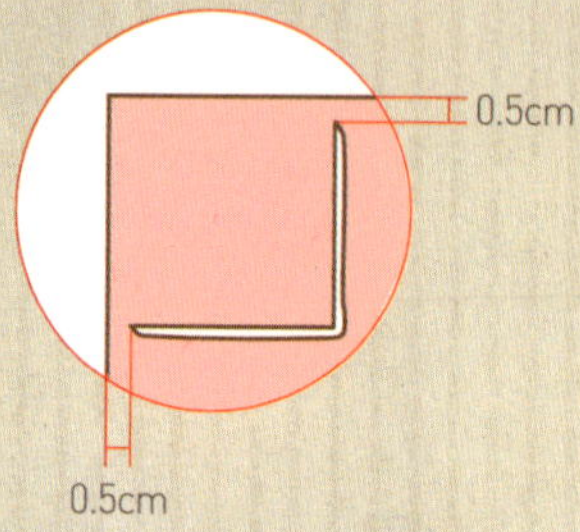

2. 칼선을 넣은 모양이에요.

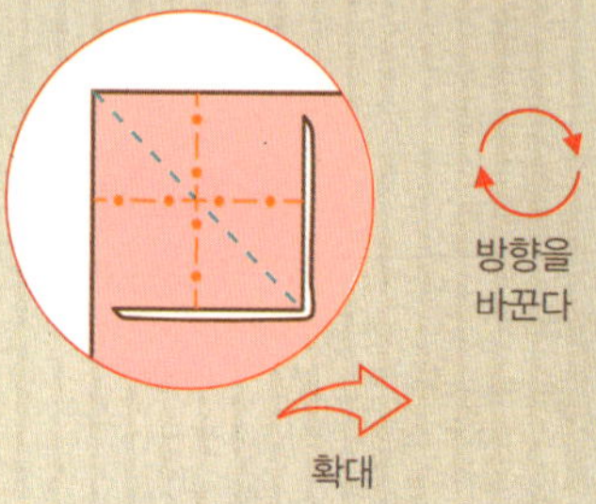

3. 그림과 같이 점선을 만들어 사각 접기(p.8 참고)를 해요.

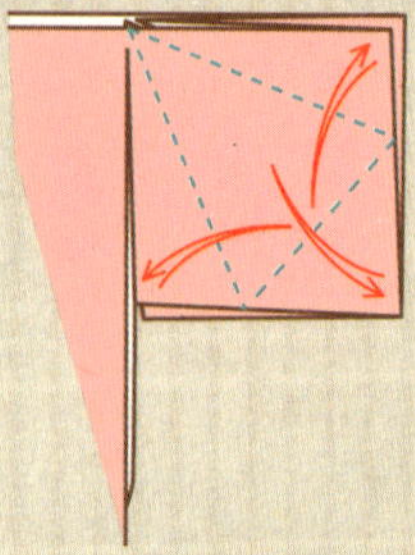

4. 점선을 만들어 학을 접기 시작해요.

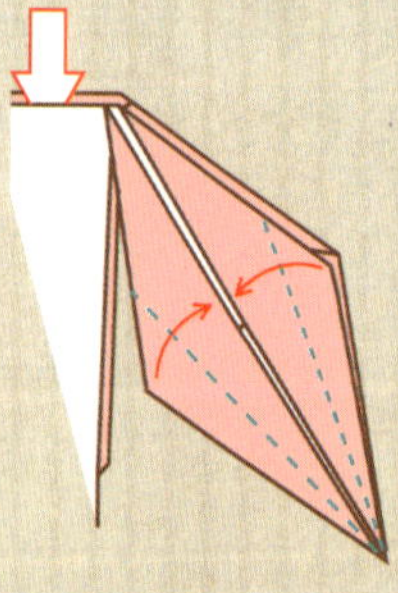

5. 학을 접어요.

6. 다 접은 학의 날개를 펼치세요.

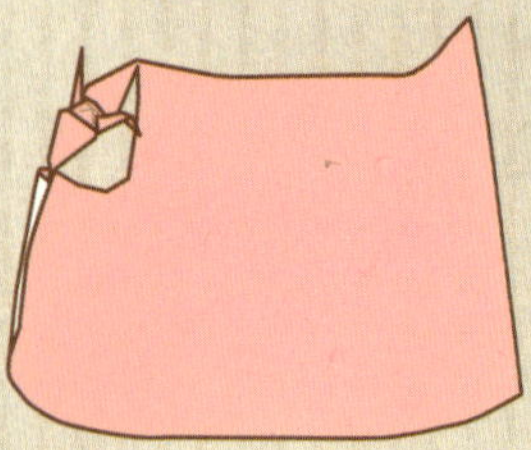

7. 완성.

※ 학의 날개 부분이 찢어지기 쉬우므로 가능하면 잘 찢어지지 않는 종이를 사용하세요.

〈 학 〉

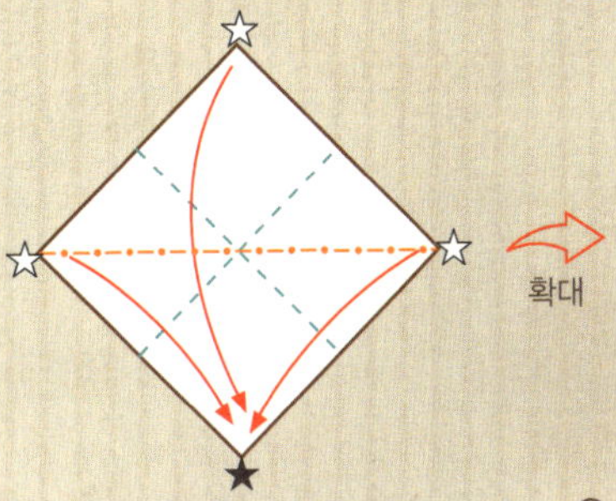

1. 종이의 겉면을 위쪽으로 놓고 사각 접기(p.8 참고)를 해요.

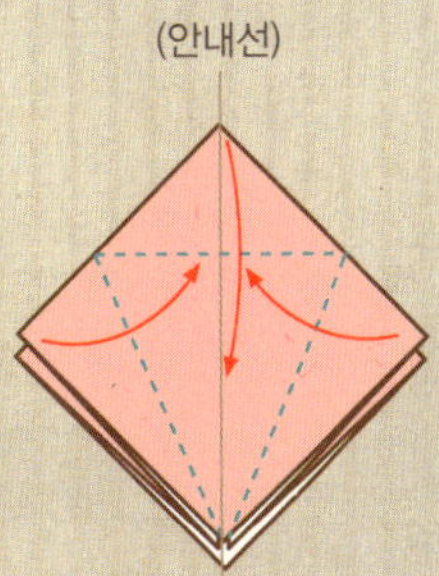

2. 안내선에 맞춰 그림과 같이 접고 뒤쪽도 같은 모양으로 접어요.

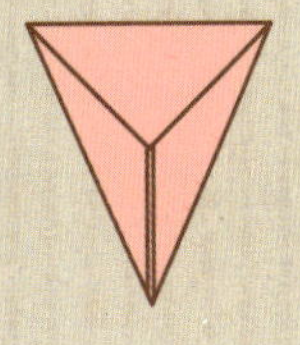

3. 접은 모양이에요. 종이를 다시 펼치세요.

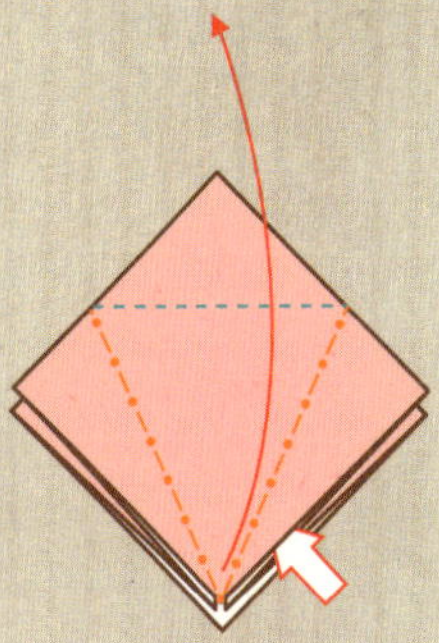

4. 그림과 같이 맨 위의 종이를 들어 올려 위쪽으로 접어 올려요.

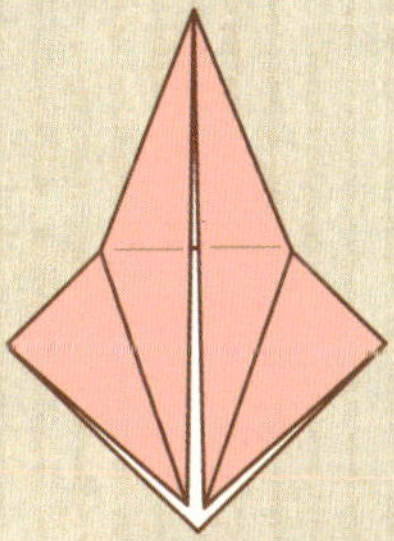

5. 접은 모양이에요. 뒤쪽도 ④번 과정과 같은 모양으로 접어요.

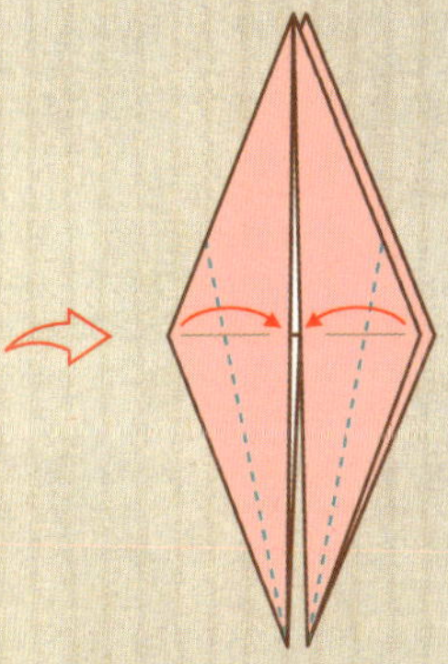

6. 중앙에 맞춰 그림과 같이 접고 뒤쪽도 같은 모양으로 접어요.

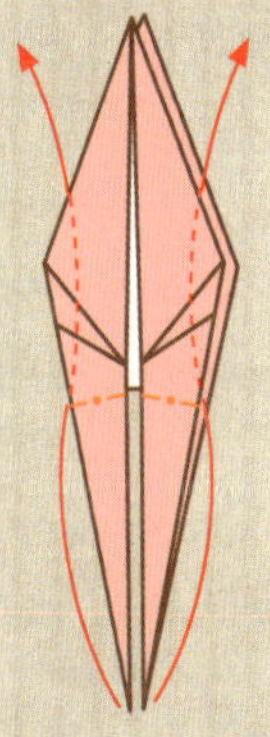

7. 아랫부분을 안으로 접어요(p.8 참고).

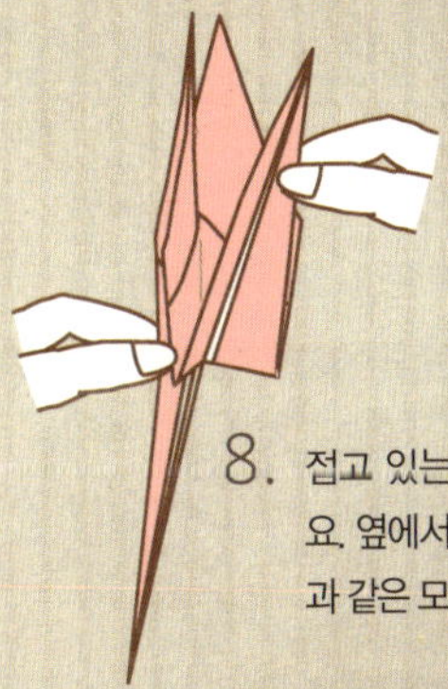

8. 접고 있는 모양이에요. 옆에서 보면 그림과 같은 모양이에요.

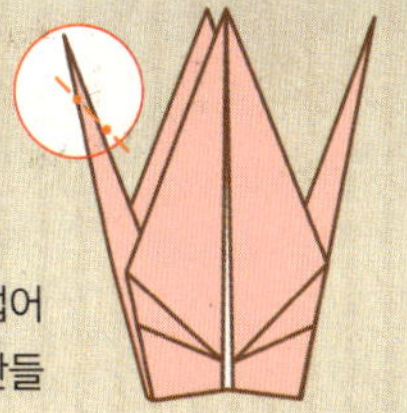

9. 끝 부분을 안으로 접어 넣어 학의 머리를 만들어 끄집어내요.

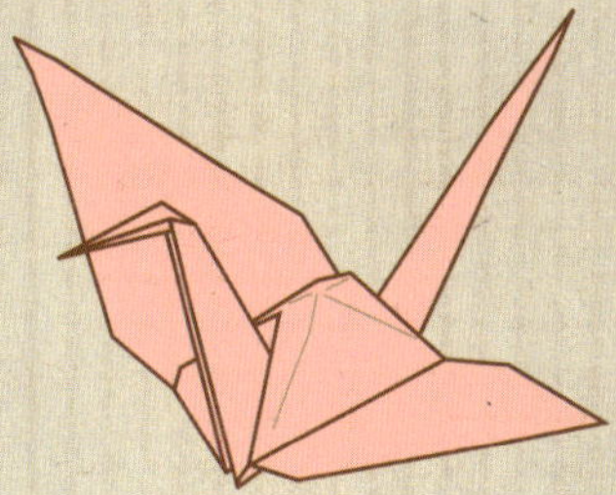

10. 완성.

27 격자무늬 런천 매트

Photo P61

종이 종류	[바닥지] 빳빳한 종이, [띠] 약간 빳빳한 종이
종이 사이즈	[바닥지] 가로 30cm×세로 30cm, [띠] 가로 50cm×세로 2cm…13개

가로 30cm×세로 30cm

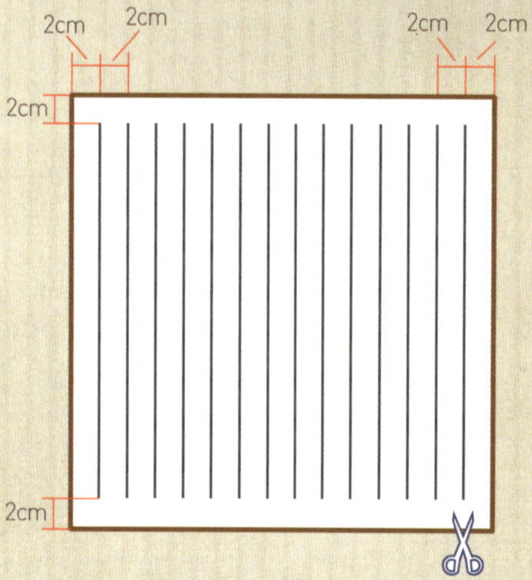

1. 바닥지에 2cm 폭으로 칼선이나 가위집을 넣어요.

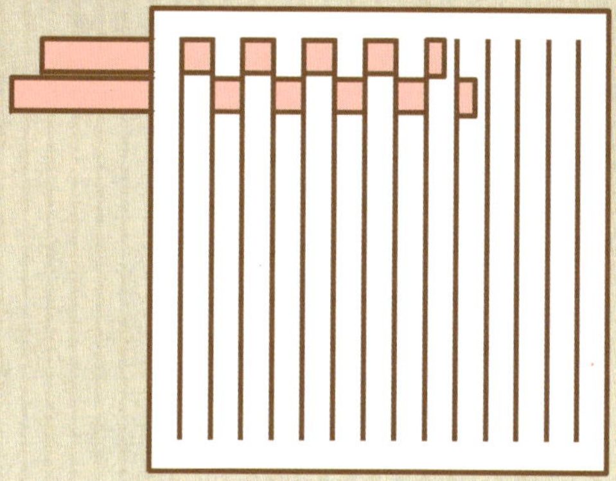

2. 종이로 만든 띠 13개를 만들어 2cm 간격의 가위집에 그림과 같이 끼워 넣어요. 띠의 끝은 풀칠하여 바닥지에 붙이세요.

3. 완성.

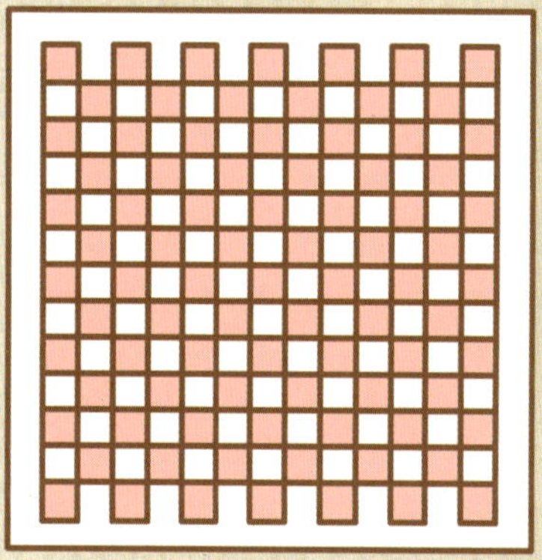

28

Photo P62

수리검 코스터

종이 종류	짙은 색 종이
종이 사이즈	가로 15cm×세로 15cm…4장

가로 14cm×세로 14cm

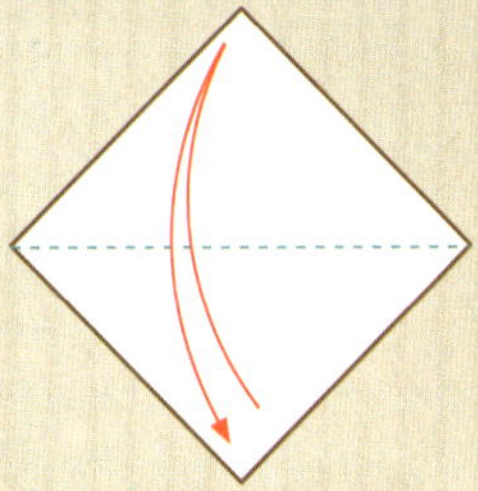

1. 종이의 겉면을 위쪽으로 놓고 그림과 같이 점선을 만들어요.

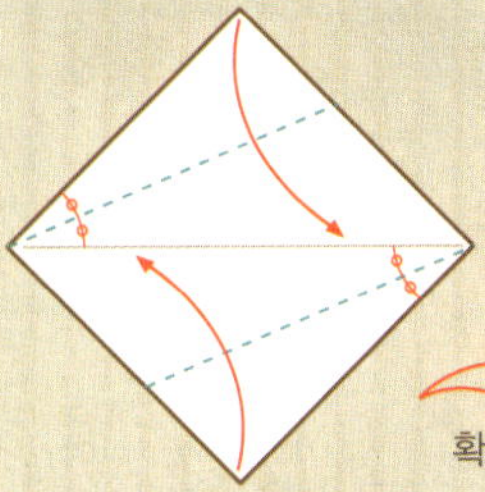

2. 중심선에 맞춰 위아래를 접어요.

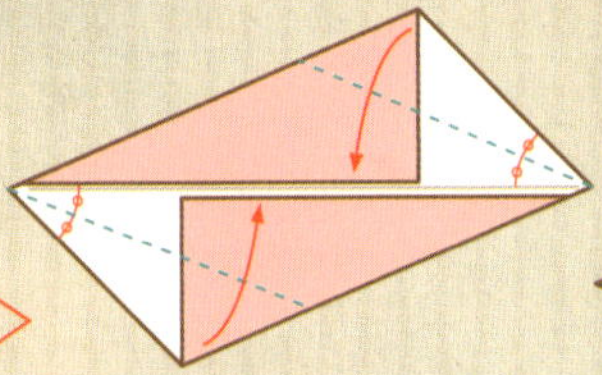

3. 그림과 같이 접어요.

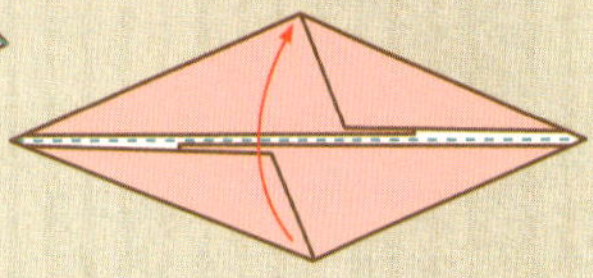

4. 종이를 반으로 접어요.

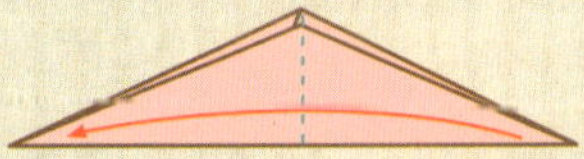

5. 종이를 그림과 같이 반으로 접어요.

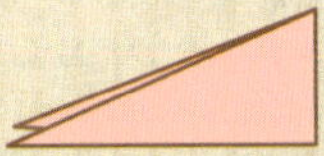

6. 코스터를 구성하는 4개의 종이 중 하나가 완성되었어요. 나머지 3개도 같은 모양으로 접어요.

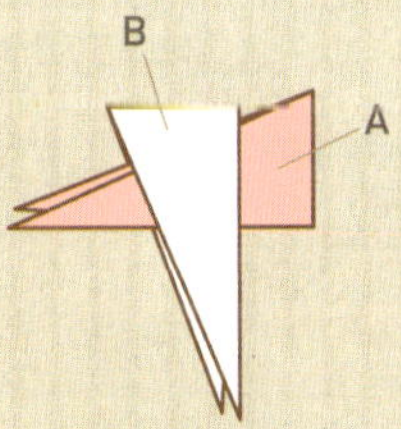

7. A를 B에 끼워 넣어요.

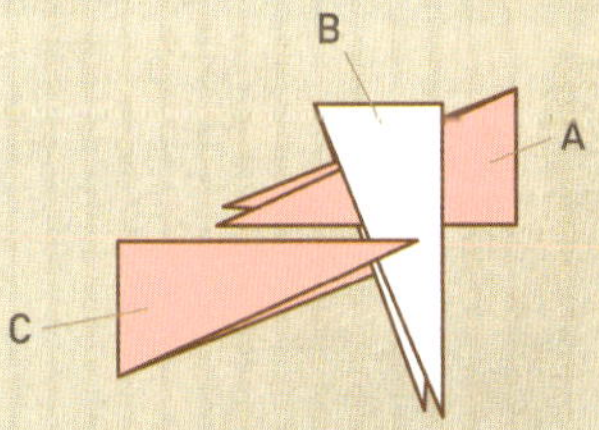

8. 그 상태에서 C를 B에 끼워요.

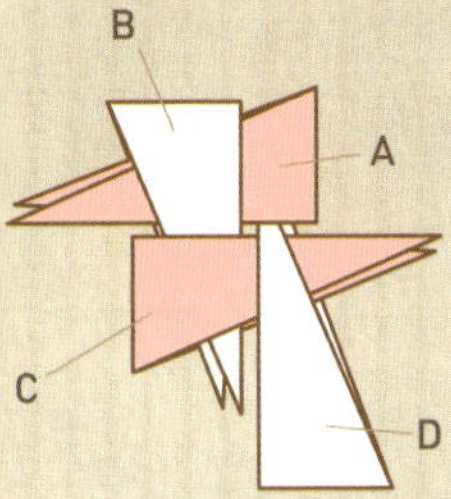

9. C를 D에 끼운 다음 D의 끝부분을 A에 끼워 넣어요.

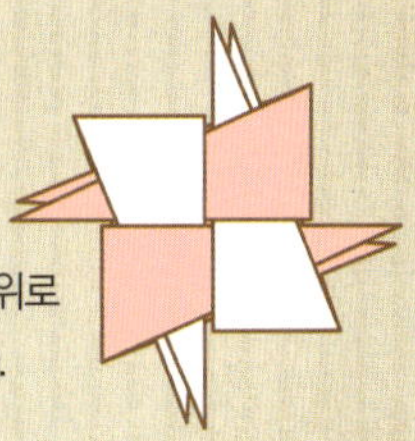

10. 완성(앞뒤 어느 쪽이 위로 오든지 모양은 같아요).

29

Photo P63

포인세티아 코스터

종이 종류	선명한 색의 종이
종이 사이즈	[큰 것] 가로 7cm×세로 7cm…2장
	[작은 것] 가로 4.5cm×세로 4.5cm…2장

원안 | 나카지마 스스무(中島進)

가로 10cm×세로 10cm

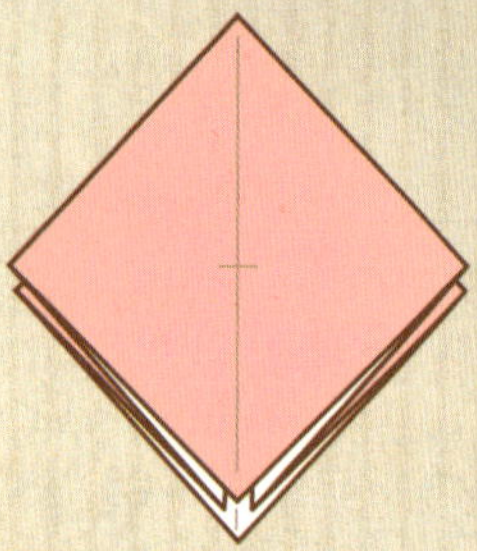

1. 사각 접기(p.8 참고)하여 위쪽 1장에만 중심선을 체크하세요.

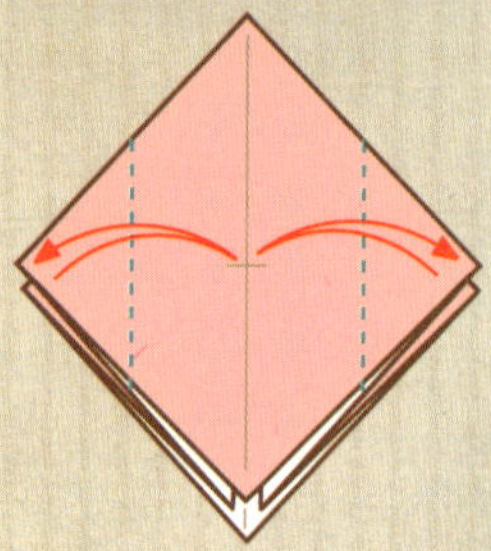

2. 중심선에 닿도록 좌우의 모서리에 점선을 만들어요.

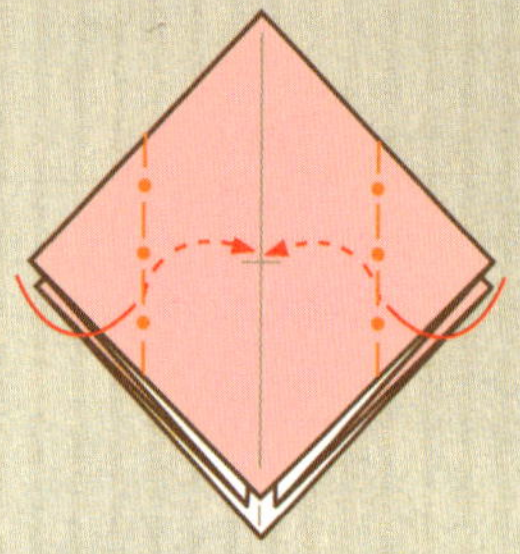

3. 좌우를 각각 안으로 접어요(p.8 참고). 뒤쪽도 ①번에서 ③번 과정으로 접어요.

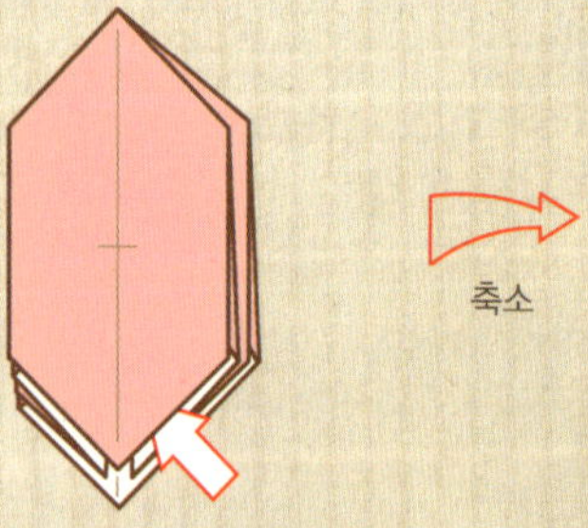

4. 종이 전체를 펼치세요.

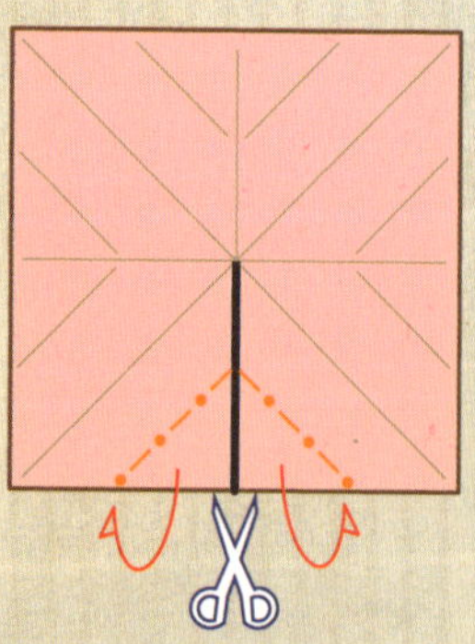

5. 그림의 위치에 가위집을 넣고 양 모서리를 각각 바깥으로 접어 풀로 붙이세요.

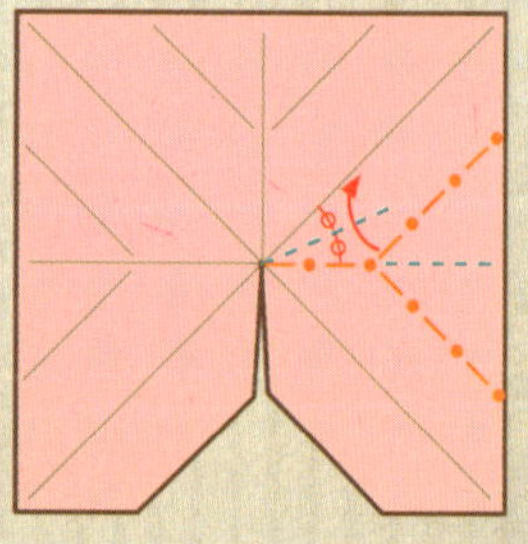

6. 점선을 확인하면서 점선대로 접어요(⑦번 과정 참조).

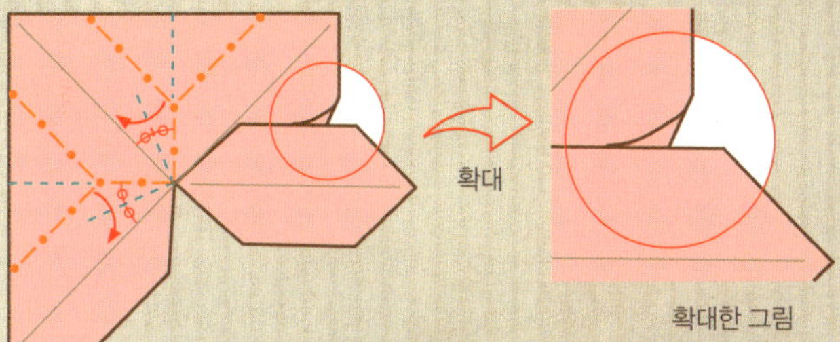

7. 동그라미 속 부분은 눌리지 않도록 하고 나머지 두 부분도 같은 모양으로 접어요.

8. 접은 모양이에요

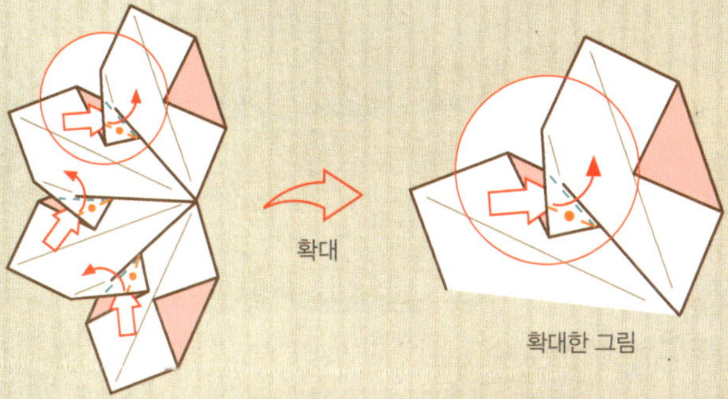

9. 사이를 벌려 종이를 젖히면서 접어요.

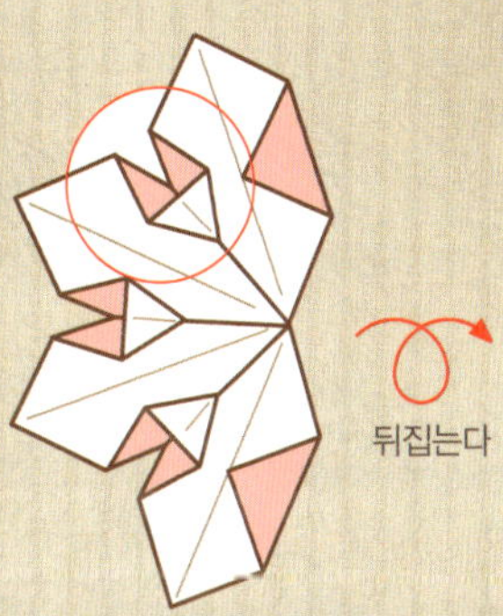

10. 접은 모양이에요

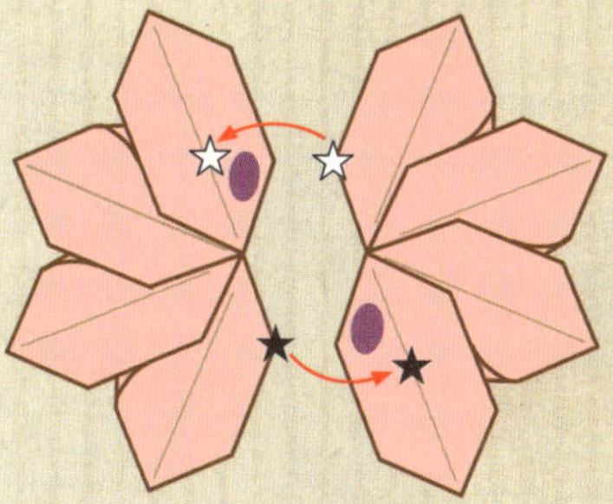

11. 같은 크기의 꽃송이를 2장 접어 ☆–☆, ★–★이 맞닿도록 ●부분에 풀칠을 하세요.

12. 큰 꽃송이 위에 작은 꽃송이를 얹으면 완성. 한가운데 풀칠하여 큰 꽃송이와 작은 꽃송이를 붙이세요.

30

Photo P64

핑크 카네이션 장식

종이 종류	얇팍한 종이
종이 사이즈	가로 3.75cm×세로 3.75cm…2장
그 밖의 재료	이쑤시개

가로 2cm×세로 2cm×높이 2.5cm

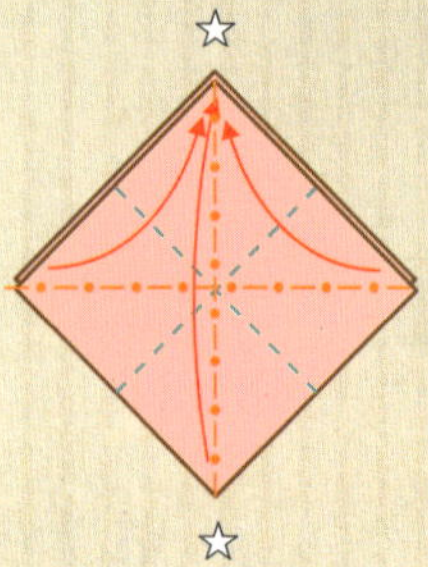

1. 2장의 종이를 겹쳐 종이의 겉면이 위로 오도록 놓고 ☆과 ☆이 겹쳐지도록 사각 접기(p.8 참고)를 해요.

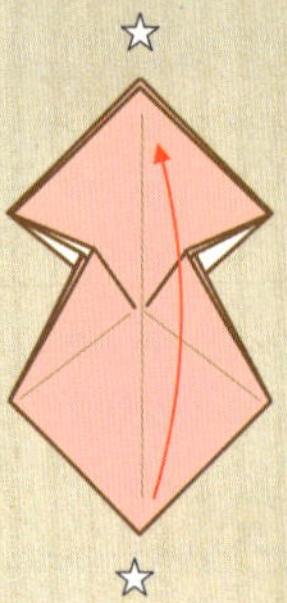

2. 접고 있는 모양이에요.

확대

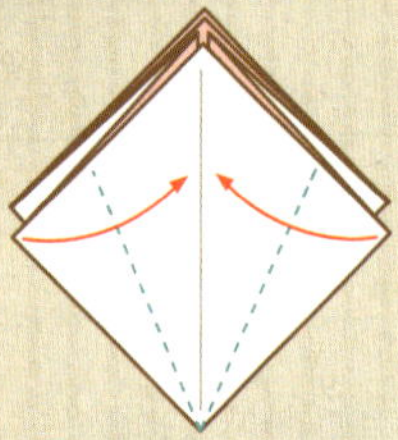

3. 그림과 같이 접고 뒤쪽도 같은 모양으로 접어요.

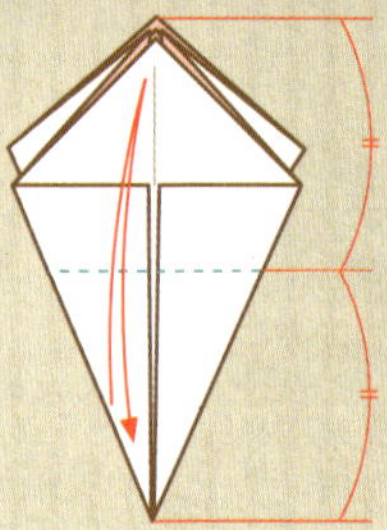

4. 종이를 반으로 접어 점선을 만들어요.

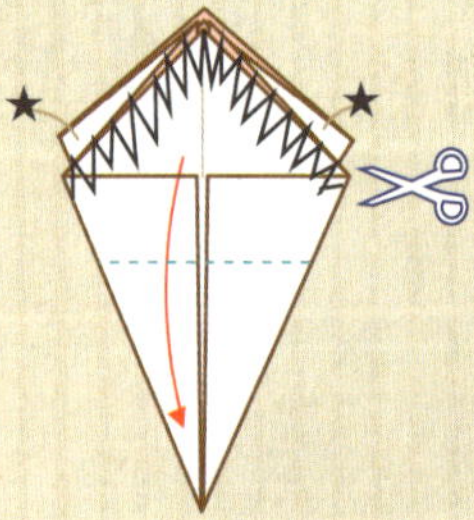

5. 위쪽을 한데 모아 그림과 같이 가위로 잘라내고 ★부분을 누르면서 반으로 접어 내려요.

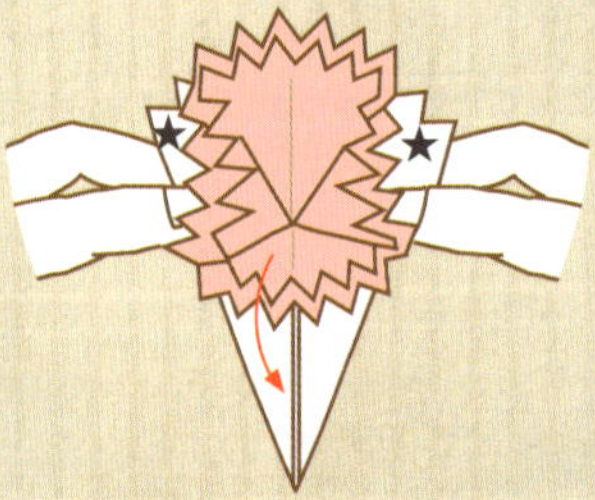

6. 접고 있는 모양이에요. 접어 내릴 때 안쪽 종이를 살짝 세워요.

7. 카네이션의 모양을 잡으면서 전체를 펼치세요. 가운데 이쑤시개를 찔러 넣고 풀로 붙이세요.

8. 완성.

31 이쑤시개 보관함이 딸린 화과자 접시

Photo P65

종이 종류	얇팍한 종이
종이 사이즈	A4 사이즈(가로 21cm×세로 29.7cm)

가로 12cm×세로 9.5cm

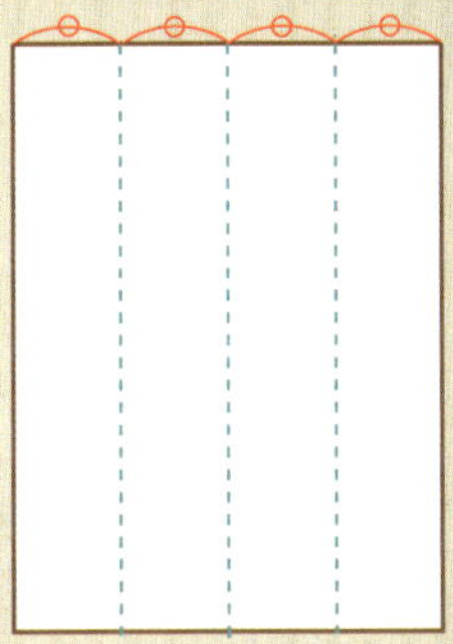

1. 종이의 안면이 위쪽으로 오도록 점선을 만들어요.

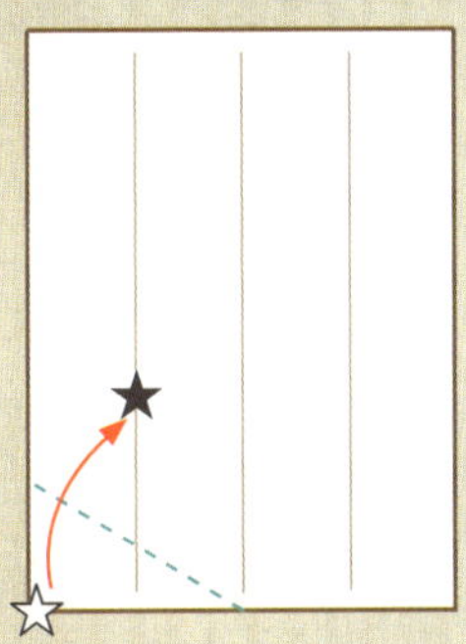

2. ☆이 ★에 닿도록 접어요.

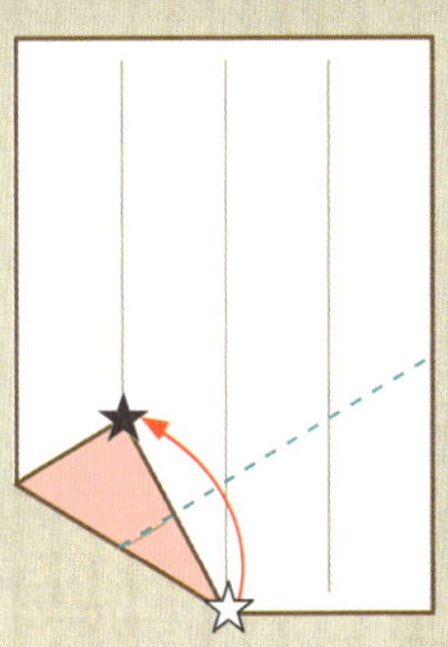

3. ☆이 ★에 닿도록 접어요.

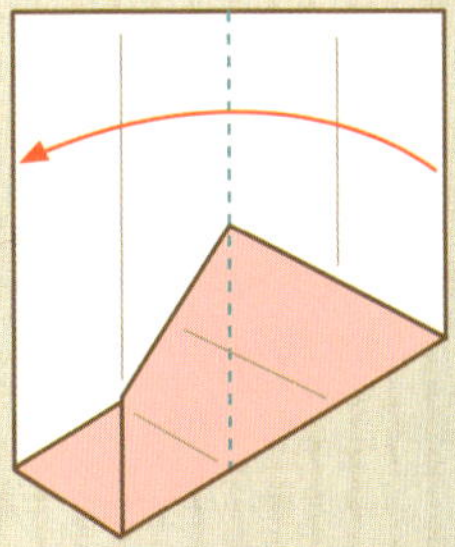

4. 반으로 접어요.

확대

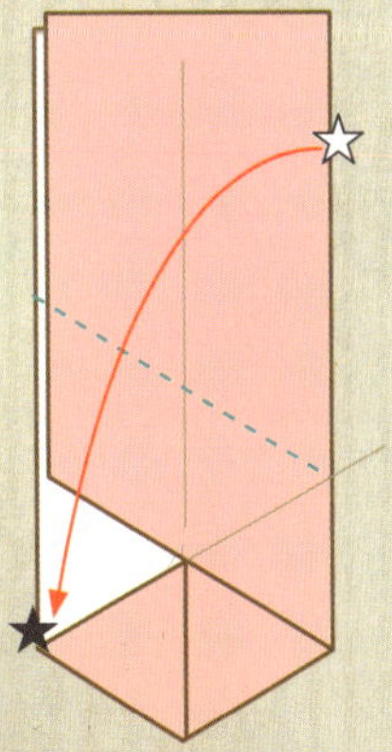

5. 안내선에 오른쪽 끝 부분이 겹쳐지도록 ☆이 ★에 닿도록 접어요.

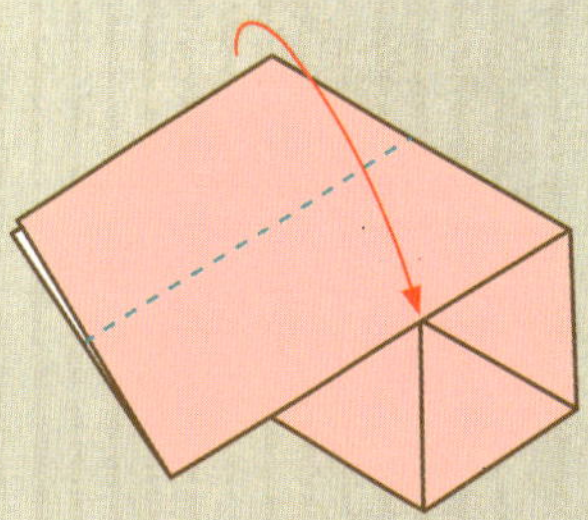

6. 그림과 같이 접어요.

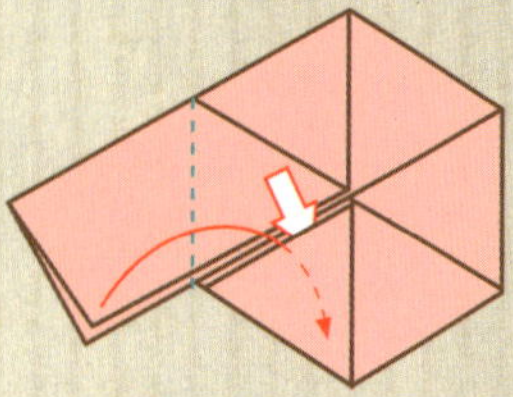

7 그림과 같이 삼각형의 포켓에 끼워 넣어요.

8 모두 끼워 넣은 모양이 에요.

뒤집는다

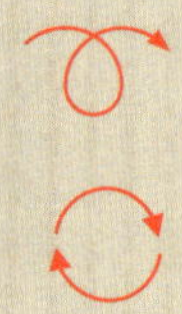

방향을 바꾼다

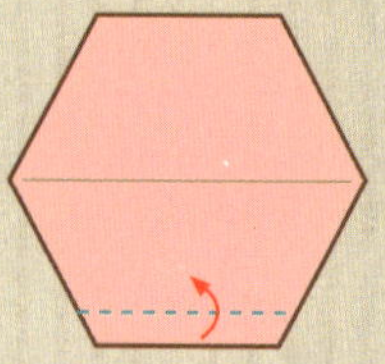

9. 아래를 약간 접어 올려요

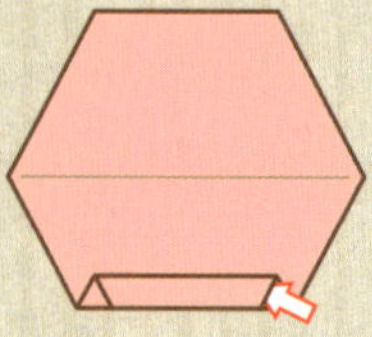

10. 완성(화살표 부분에 이 쑤시개를 끼워 넣어요).

32 꽃무늬 과자 상자

Photo P66

종이 종류	화려한 색의 꽃무늬 종이
종이 사이즈	가로 26cm×세로 26cm

가로 13cm×세로 13cm×높이 4cm

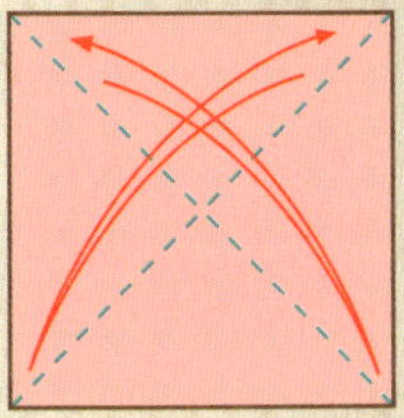

뒤집는다

1. 종이의 겉면을 위쪽으로 놓고 삼각 접기로 점선을 만들어요.

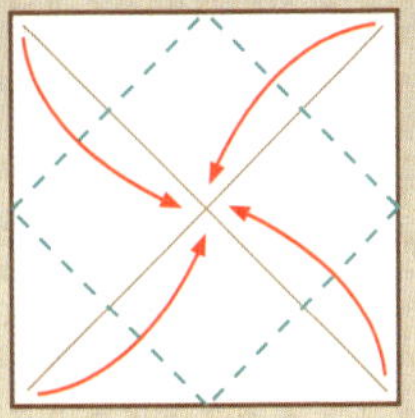

뒤집는다

확대

2. 중심에 맞춰지도록 방석 접기(p.8 참고)를 해요.

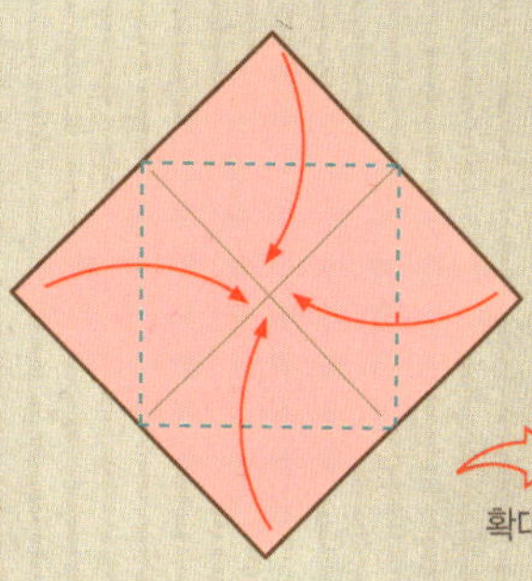

확대

3. 중심에 맞춰지도록 접어요.

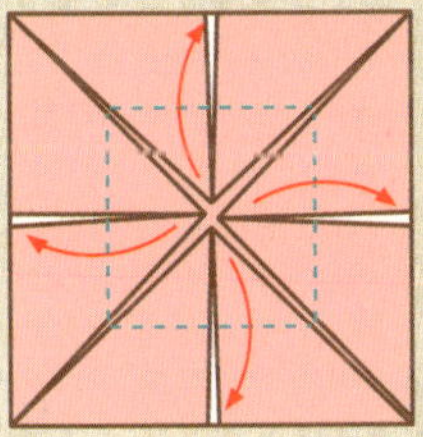

4. 각각 반으로 접어요.

뒤집는다

5. 윗부분 완성.

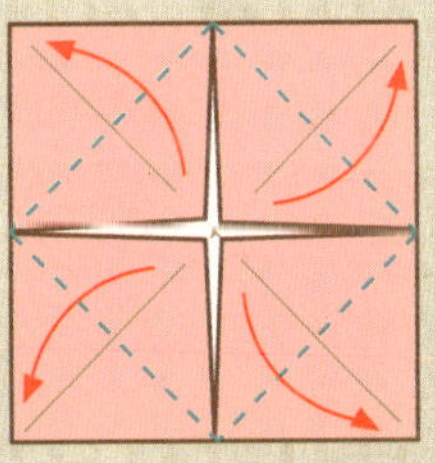

6. 그림과 같이 접어요.

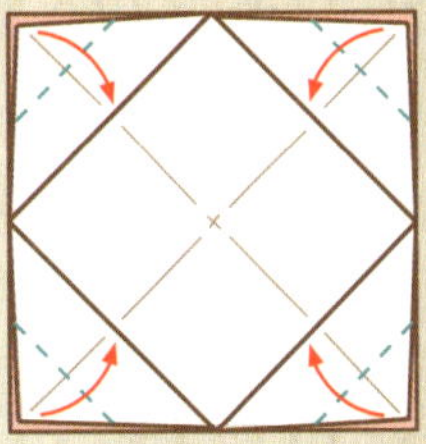

7. 각각 반으로 접어요.

뒤집는다

8. ⑥번 과정에서 접은 선을 세워 장식 부분을 만들고 아랫부분 완성.

9. 완성.

33 나룻배 모양 바스켓

Photo P67

종이 종류	원하는 무늬의 종이
종이 사이즈	가로 30.5cm×세로 36cm

가로 27cm×세로 8cm×높이 4cm

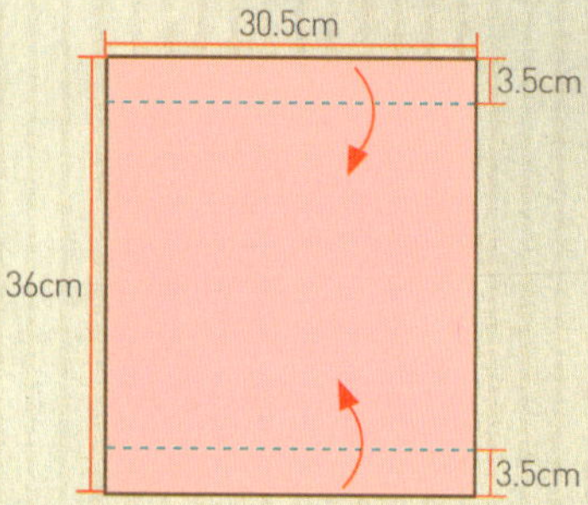

1. 종이의 겉면을 위쪽으로 놓고 위아래에서 3.5cm 떨어진 지점을 위쪽은 접어 내리고, 아래쪽은 접어 올려요.

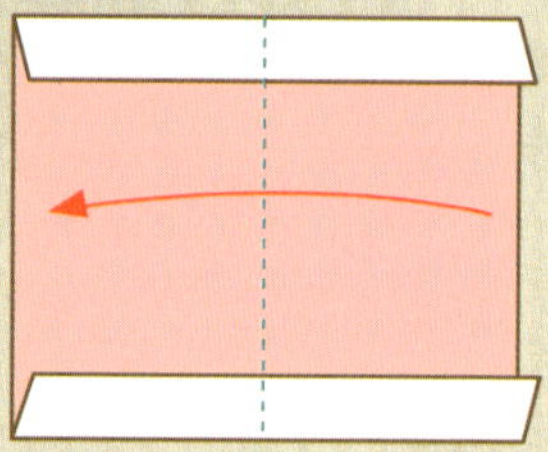

2. 반으로 접어요.

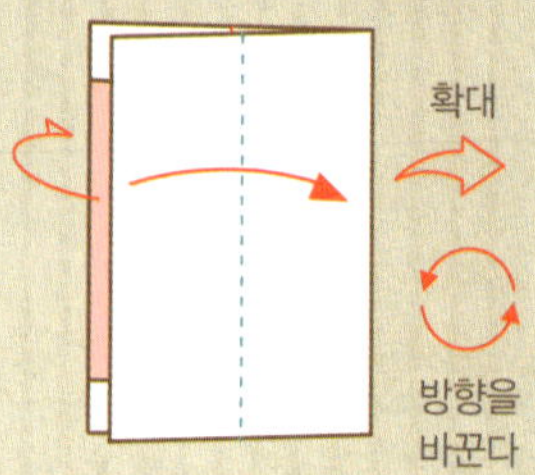

3. 그림과 같이 양 끝 모두를 반으로 접어요.

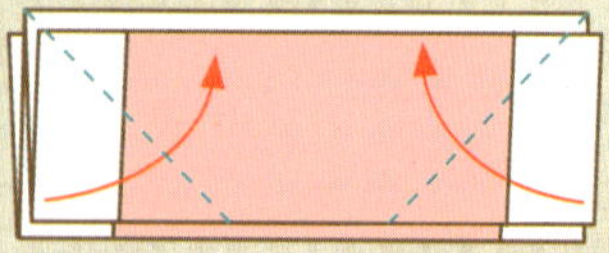

4. 모서리를 삼각형으로 접고 뒤쪽도 같은 모양으로 접어요.

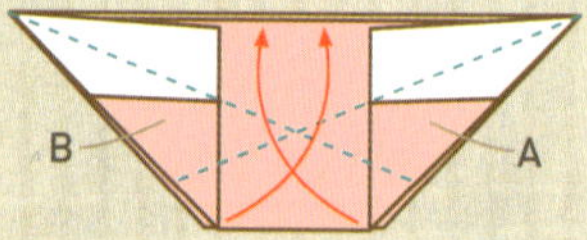

5. 그림과 같이 A, B 순으로 비스듬히 접고 뒤쪽도 같은 모양으로 접어요.

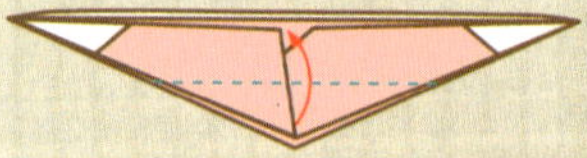

6. 반으로 접고 뒤쪽도 같은 모양으로 접어요.

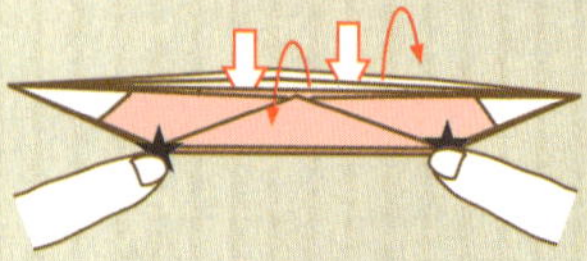

7. 윗부분의 공간을 벌려 ★부분을 밀어 넣으면서 뒤집어요. 종이가 망가지지 않도록 주의하세요.

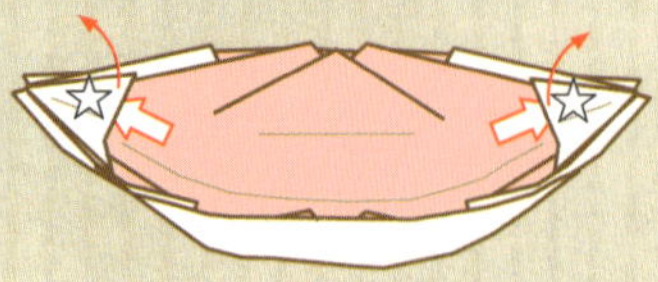

8. ☆부분을 들어 올리세요.

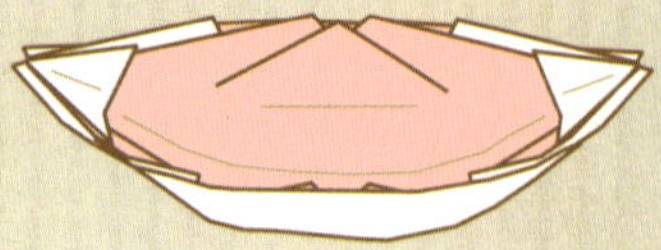

9. 완성.

34 간단한 케이크 상자

Photo P68

종이 종류	약간 두껍고 튼튼한 종이
종이 사이즈	가로 45cm×세로 45cm

가로 16cm×세로 16cm×높이 8cm

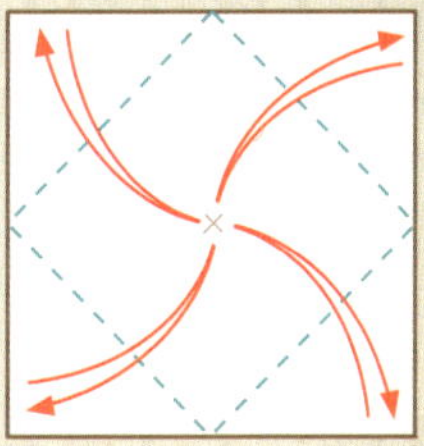

1. 종이의 안면이 위쪽으로 오도록 중심점을 체크하고 방석 접기 (p.8 참고)를 하여 점선을 만들어요.

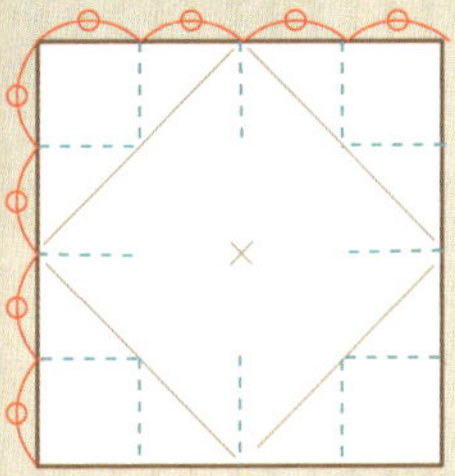

2. 그림과 같이 중심점 부근을 피해 점선을 만들어요.

3. ○−○, ●−●, ☆−☆, ★−★이 맞닿도록 각각의 점선을 만들어요.

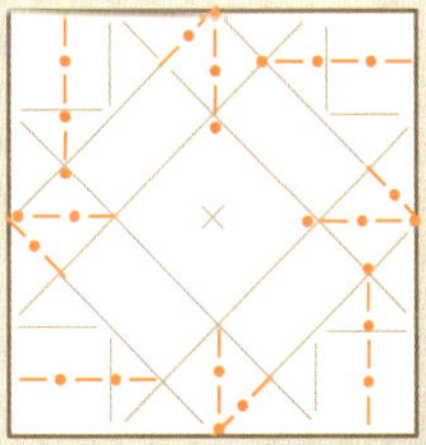

4. 그림과 같은 위치에서 바깥으로 접어 점선을 만들어요.

확대

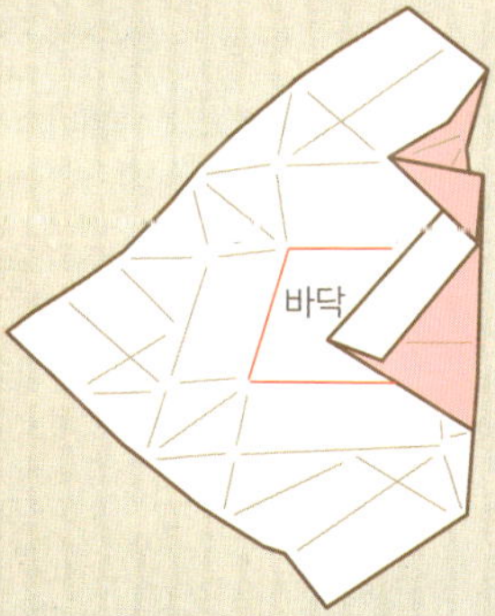

5. 그림과 같이 입체적으로 접기 시작하고 상자의 모서리를 하나씩 만들어요.

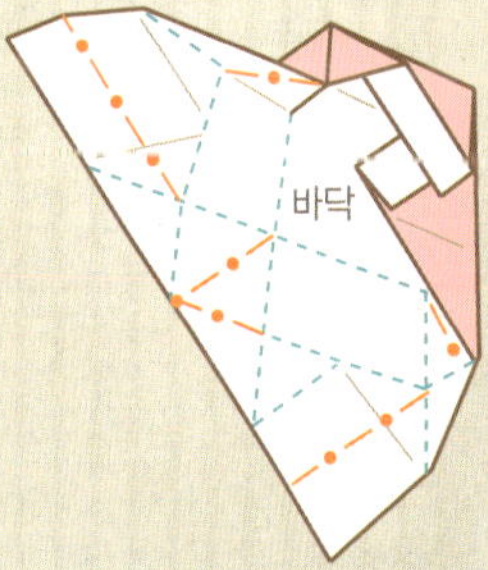

6. 점선에 집중하면서 접어요.

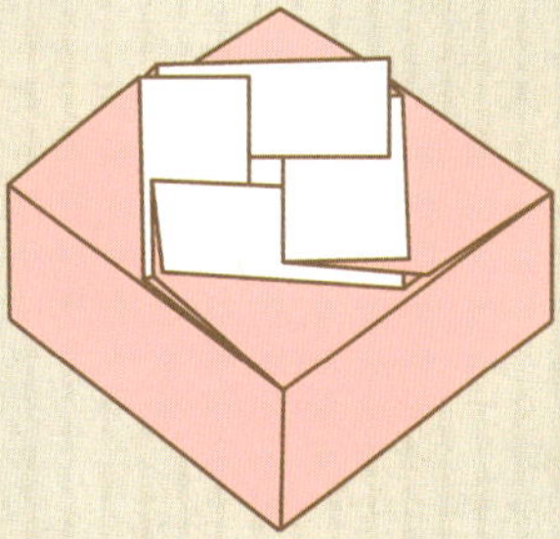

7. 완성.

35 런치 박스

Photo P69

종이 종류	약간 빳빳한 종이
종이 사이즈	[뚜껑] 가로 40cm×세로 40cm
	[속 상자] 가로 39cm×세로 39cm

가로 14cm×세로 14cm×높이 7cm

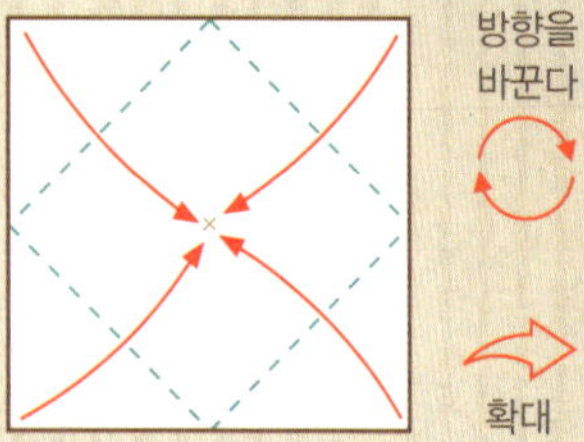

1. 종이의 안면이 위쪽으로 오도록 중심점을 체크하고 그림과 같이 방석 접기(p.8 참고)를 해요.

2. 접은 모양이에요.

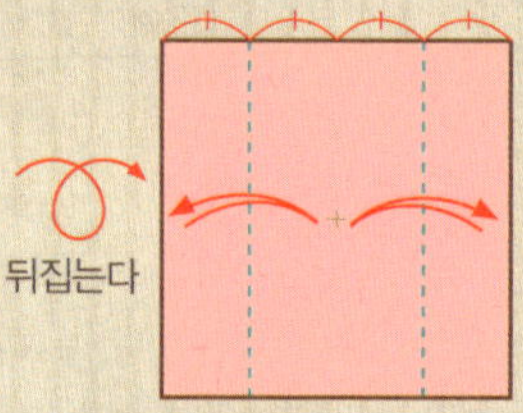

3. 중심점을 기준으로 그림과 같이 점선을 만들어요.

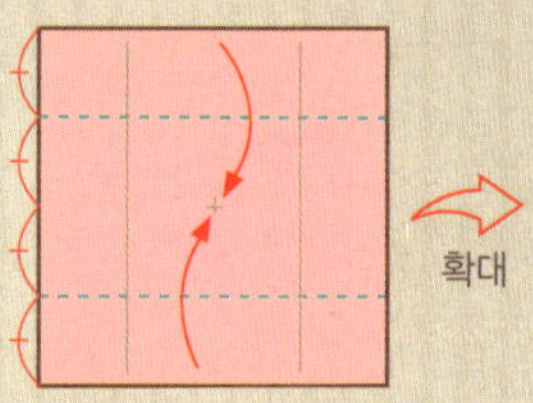

4. 그림과 같이 접어요.

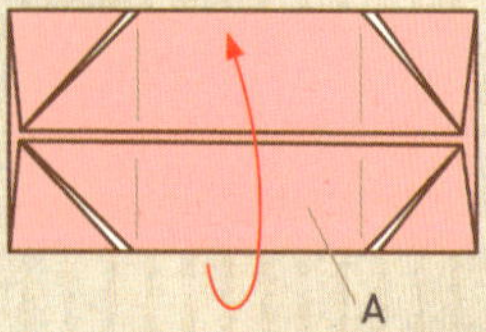

5. A 부분을 1장만 들어 올리세요.

6. 모서리를 접어요.

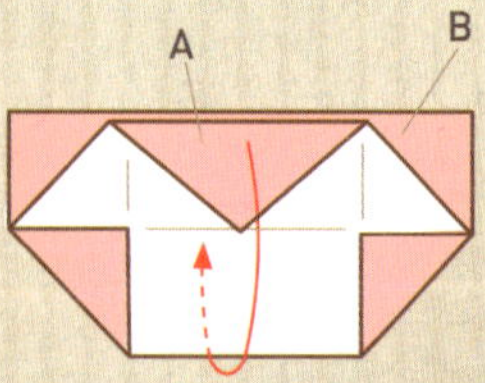

7. A를 아래로 내려 접고 B도 ⑤번, ⑥번 과정과 같은 모양으로 접어요.

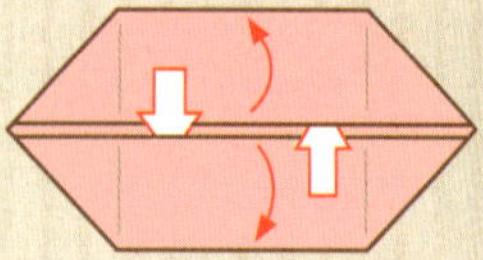

8. 그림의 화살표와 같이 중앙을 펼쳐 입체적으로 만들어요.

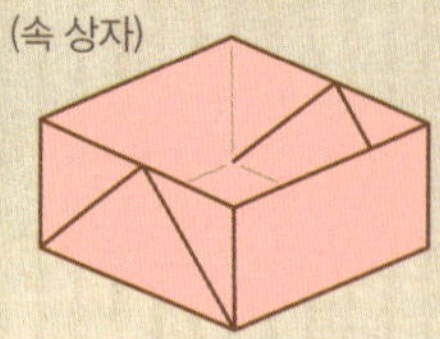

9. 완성.

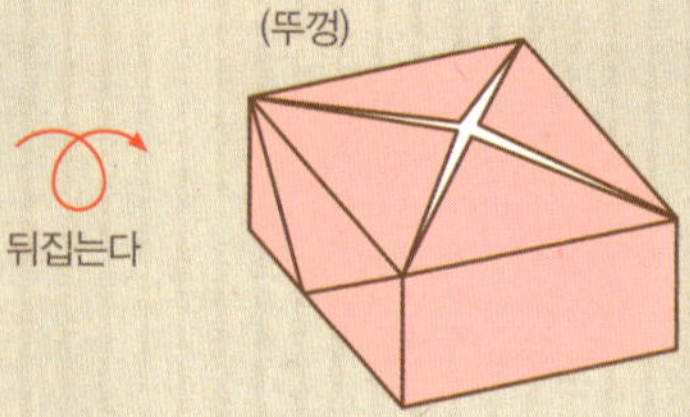

속 상자를 뒤집으면 뚜껑이 돼요.

36 트위스트 꽃병 커버

Photo P70

종이 종류	뻣뻣한 종이
종이 사이즈	가로 33cm×세로 23cm

가로 6.5cm×
세로 6.5cm×
높이 17cm

뒤집는다

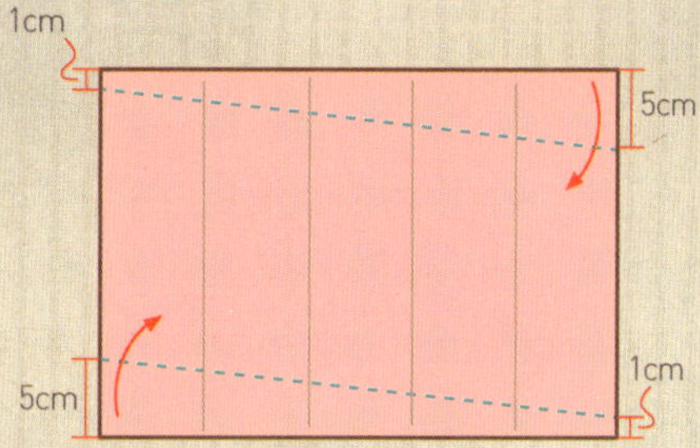

1. 종이의 안면이 위쪽으로 오도록 5등분한 다음 점선을 만들어요.

2. 그림과 같은 위치에서 각각 비스듬히 접어요.

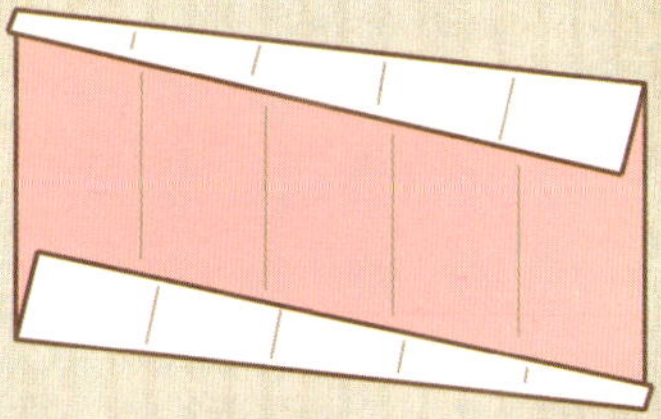

뒤집는다

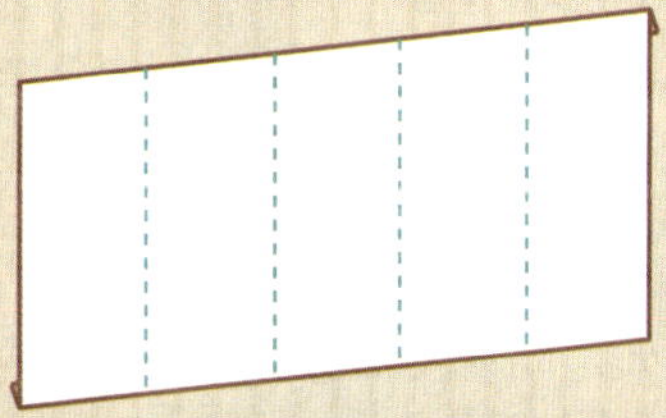

3. 접은 모양이에요.

4. ①번 과정에서 만든 점선대로 접어 입체적으로 만들어요.

5. ☆을 ★ 속에, ○를 ● 속에 넣어요.

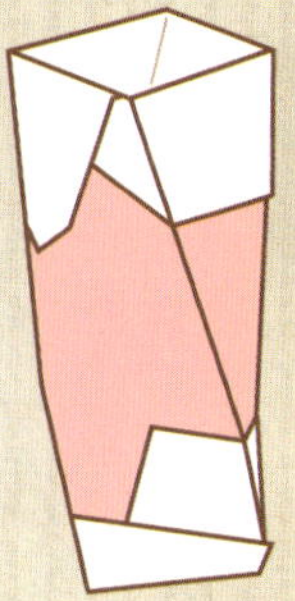

6. 넣은 모양이에요.

뒤집는다

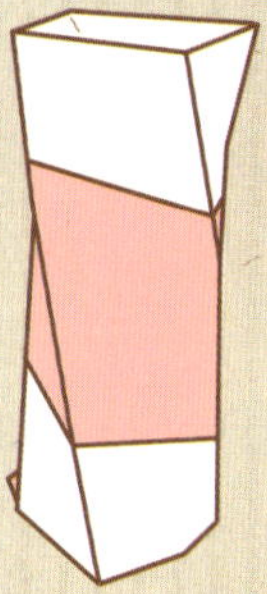

7. 완성.

37 나무 모티브 꽃병 커버

Photo P71

종이 종류	얄팍한 종이
종이 사이즈	꽃병에 적당한 사이즈

지름 14cm×높이 7cm
(지름 7cm의 병에 가로 45cm×
세로 7cm의 종이를 두를 경우)

꽃병에 붙일 수 있는 종이를 준비하세요.

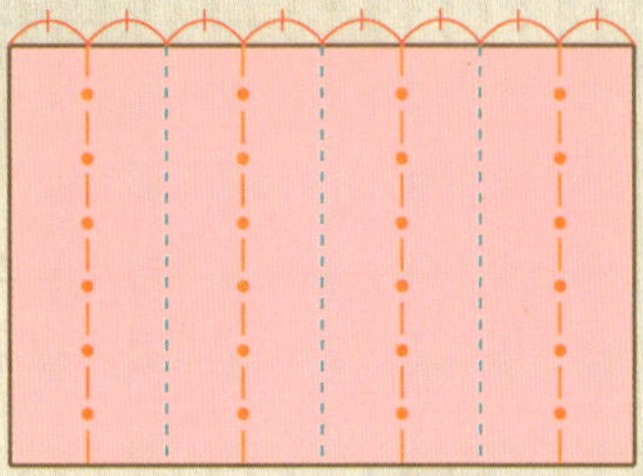

1. 꽃병에 붙인 종이와 같은 크기의 종이를 준비하여 겉면을 위쪽으로 놓고 그림과 같이 점선을 만들어 접어요.

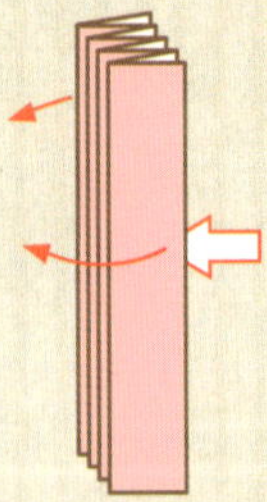

2. 맨 처음 종이와 가장 마지막 종이를 펼치세요(③번 과정 참조).

점선에서 왼쪽으로 비어져
나오는 부분이 연결되는 부분

3. 그림과 같이 페이퍼 패턴을 올려놓고 종이를 펼치고 페이퍼 패턴은 클립이나 테이프로 고정시켜 나뭇가지부터 잘라내요.

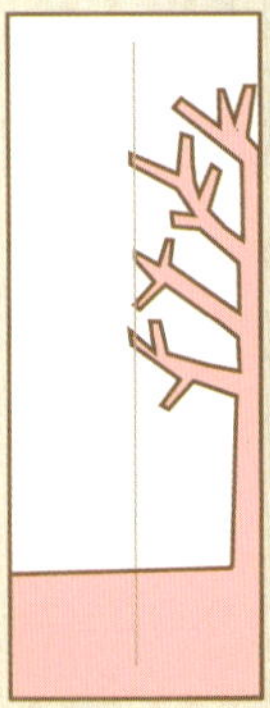

페이퍼 패턴
※ 확대 복사하여 사용하세요.

4. 잘라낸 나무 모양의 종이를 병 등에 붙이면 완성.

Stationery

매일 사용하는 문구류는 마음에 드는 곳에 정리해두고 싶어요.
북 커버나 봉투, 지갑, 쇼핑백까지 사용할 때마다 즐겁고,
선물로 받아도 행복한 아이템을 모았답니다.

※ 완성된 사이즈는 표준입니다. 사용하는 종이의 두께나 접는 폭에 따라 사이즈가 달라집니다.

38

레트로 스타일 북 커버

만드는 법 P116

다양한 종류와 무늬의 종이를 사용하여 오리지널 북 커버를 만들어보지 않을래요?

39 삼각형과 화살표 북 마커

만드는 법 P117

이렇게 예쁜 북 마커가 있으면 책을 펼치는 일이 즐거울 거예요.
사용하고 남은 자투리 종이로 만들면 유용하답니다.

40

심플 편지 봉투

만드는 법 P118

자신이 좋아하는 종이로 정성을 다해
편지 봉투를 만들면 어떨까요?
소중한 사람에게 편지를 적어 보내보세요.

41 마름모꼴 편지 봉투

만드는 법 P119

직사각형 종이로 만드는 마름모꼴 편지 봉투예요.
마스킹 테이프(Masking Tape)를 붙여 심플하게 만드는 게 요령이랍니다.

42 꽃무늬 연필통

만드는 법 P120

차를 다 마셨다고 그 통까지 버리지는 마세요.
마음에 드는 종이를 붙이기만 해도
스타일리시한 연필통으로 변신하니까요.

43 삼각형 안경 케이스 만드는 법 P121

삼각형 박스에 안경이 보기 좋게 들어가네요.
안경 크기에 딱 맞는 근사한 안경 케이스가 만들어졌답니다.

44 투 포켓 명함집

만드는 법 P123

포켓이 두 개라 수납공간이 넉넉합니다.
예쁜 리본을 달아 사용하세요.

45

간편한 CD 케이스

만드는 법 P124

서로 다르게 겹쳐지는 덮개가 포인트예요.
친구한테 빌린 CD를 돌려줄 때
포장지로 사용해도 훌륭하답니다.

46

도트 무늬 메모 케이스

만드는 법 P125

손바닥만한 사이즈의
메모장이 딱 맞게 들어가는 메모 케이스.
좀 크게 만들어서 엽서 케이스로도 응용해보세요.

47

해피 미니 앨범

만드는 법 P126

영원히 기억하고 싶은 소중한 추억을
특별한 앨범에 담아두세요.

48 레이스 페이퍼로 만든 카드 케이스

만드는 법 P127

포켓은 앞쪽에 두 개, 뒤쪽에 한 개.
감사의 마음을 담은 카드를 넣어 선물하면 좋아요.

원안 | 후지타 후미아키(藤田文章)
재구성 | 나카지마 스스무((中島進)

49 아코디언 스타일 카드 파일

만드는 법 P129

튼튼한 종이로 만든 카드 파일.
명함 사이즈의 카드를 여러 개 넣을 수 있어요.

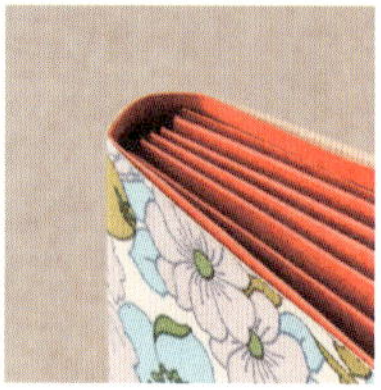

50

A4 사이즈 서류 파일

만드는 법 P130

노트도 서류도 한꺼번에 정리할 수 있는
A4 사이즈의 파일. 마음에 쏙 들어요.

51 미니 수납함 만드는 법 P131

우표, 버튼, 스티커 등 자잘한 물건을 작은 보관함에 넣어 간직하세요.
언제까지나 추억하고 싶은 물건들을 보관할 수 있어요.

52

큐브 박스

만드는 법 P132

상자를 열면 또 다른 상자가
들어 있는 듯한 재미있는 박스입니다.
이 상자 안에 무엇을 담아두면 좋을까요?
원안 | 조반니 마르타리아타

53 미니 종이봉투 만드는 법 P134

친구에게 선물을 건넬 때 그냥 주기보다
앙증맞은 종이봉투에 담아 주면 어떨까요?

원안 | 츠바사 테루미(翼照美)

54

리본 달린 종이봉투

만드는 법 P135

큼직한 화과자도 넉넉하게
넣을 수 있는 종이봉투에
생일 축하의 마음을 담아 전해보세요.
선물을 받는 기쁨에
감동까지 더할 수 있답니다.

38 레트로 스타일의 북 커버

Photo P98

종이 종류	레트로 스타일의 종이
종이 사이즈	[문고판] 가로 29cm×세로 20cm, [단행본] 적당한 사이즈

[문고판]
가로 11cm(펼치면 22cm)×세로 15cm

[단행본]
가로 16cm(펼치면 32cm)×세로 21.5cm

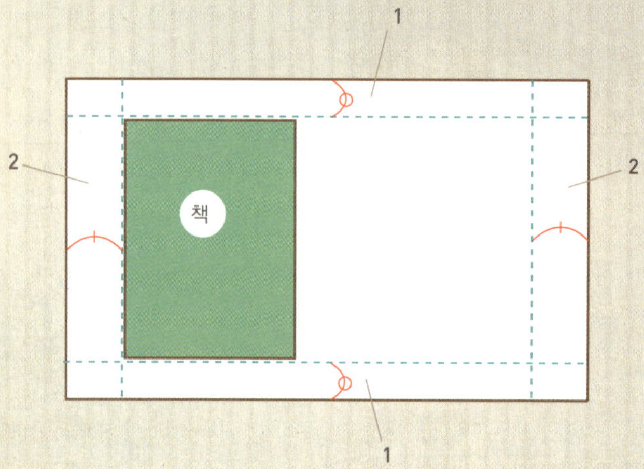

1. 종이의 안면이 위쪽으로 오도록 한 다음 책을 올려놓고 위아래, 좌우의 여백이 똑같도록 크기를 재서 책의 크기에 맞춰 1, 2 순으로 접어요.

2. ①번 과정이 끝나면 책을 펼쳐 올려놓고 좌우의 포켓에 책 표지를 끼워 넣어요.

3. 완성.

39

Photo P99

삼각형과 화살표 북 마커

종이 종류	좋아하는 무늬의 종이
종이 사이즈	[삼각형] 가로 9cm ×세로 9cm, [화살표] 가로 6cm×세로 12cm

〈 삼각형 〉

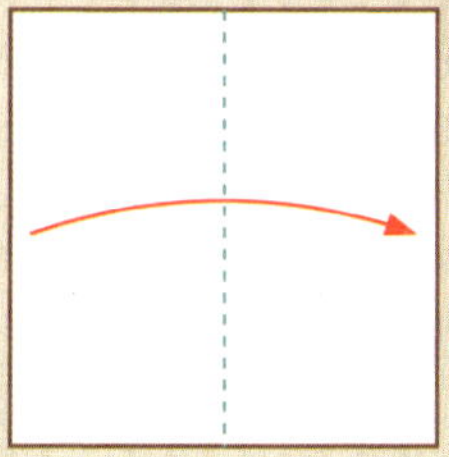

1. 종이의 안면이 위쪽으로 오도록 반으로 접어요.

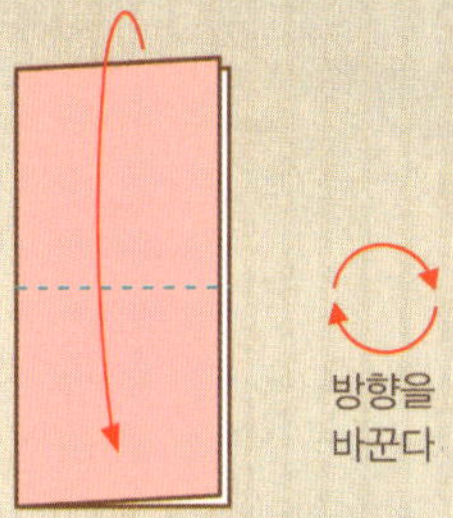

2. 한 번 더 반으로 접어요.

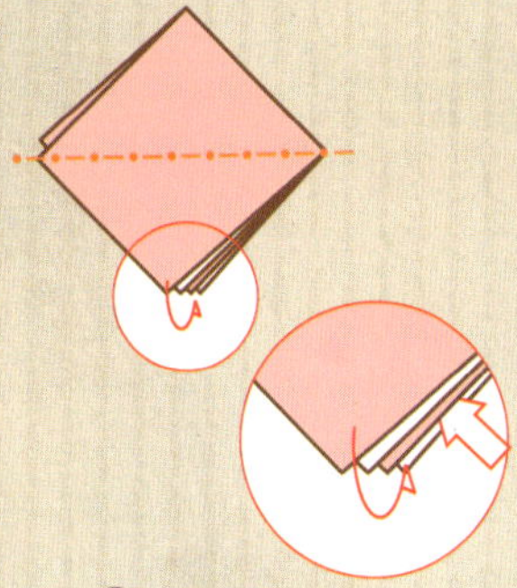

3. 위쪽의 종이 3장을 한데 모아 바깥으로 접어 속에 끼워 넣어요.

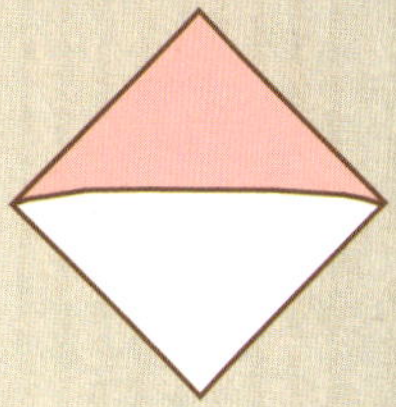

4. 완성.

〈 화살표 〉

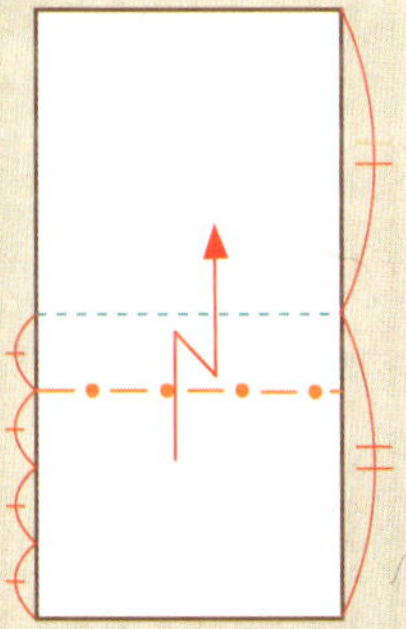

1. 안면이 위쪽으로 오도록 그림과 같은 위치에서 단으로 접기를 해요.

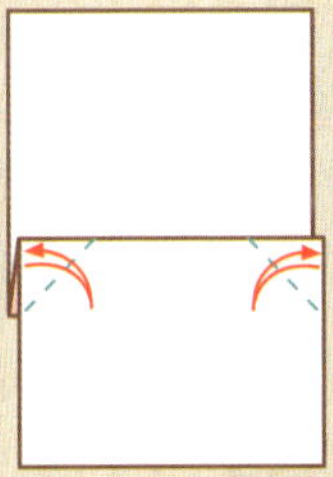

2. 모서리를 삼각형으로 접어요.

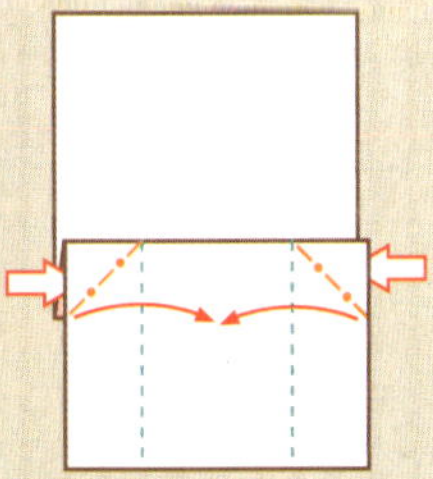

3. ②번 과정에서 접은 곳의 공간을 펼쳐 접어요(④번 과정 참조).

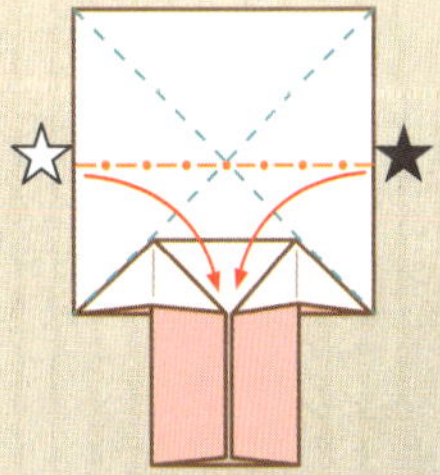

4. 중앙에 접선을 만들어 ☆이 ★에 닿도록 삼각 접기(p.8 참고)를 해요.

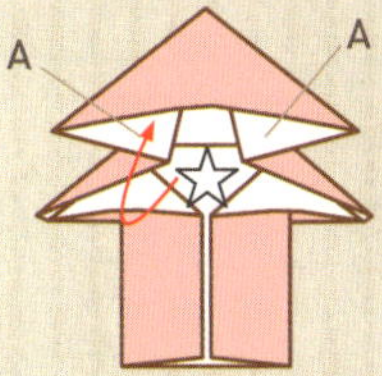

5. ☆부분이 A의 위에 오도록 하세요.

6. ⑤번 과정을 만들고 있는 모양이에요.

7. ⑤번 과정을 만들고 있는 모양이에요.

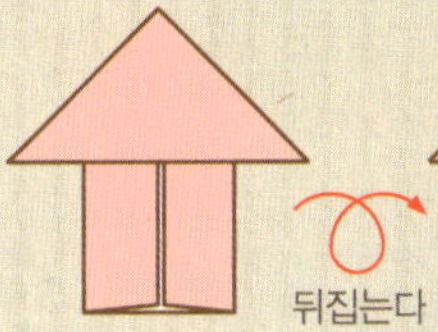

8. 접은 모양이에요.

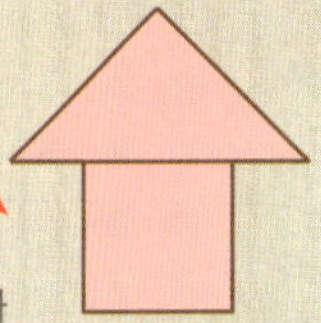

9. 완성.

40

Photo P100

심플 편지 봉투

종이 종류	다양한 무늬의 종이
종이 사이즈	가로 35cm×세로 27cm

가로 17.5cm×
세로 12cm

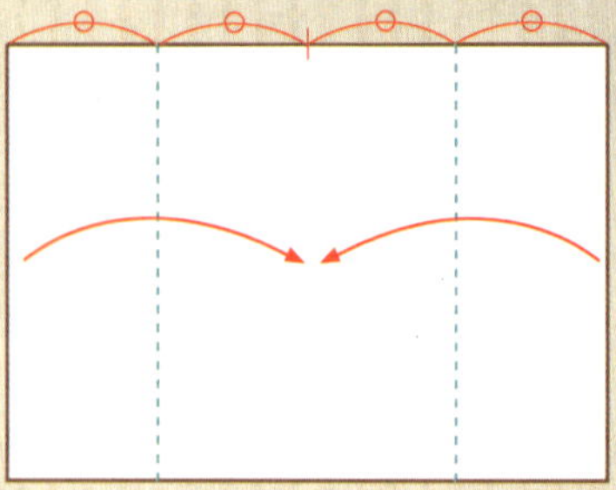

1. 종이의 안면이 위쪽으로 오도록 4등분하여 종이 위쪽에 체크한 다음 양 끝을 중심선에 닿도록 접어요.

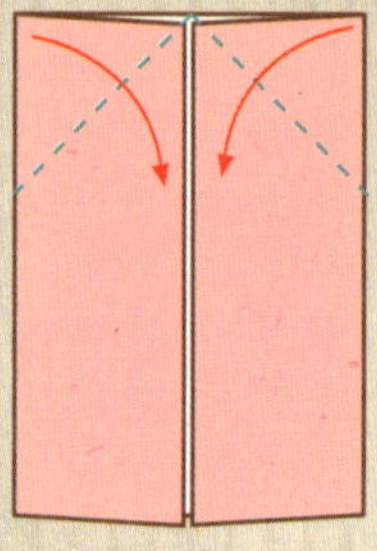

2. 위쪽의 모서리를 삼각형으로 접어요.

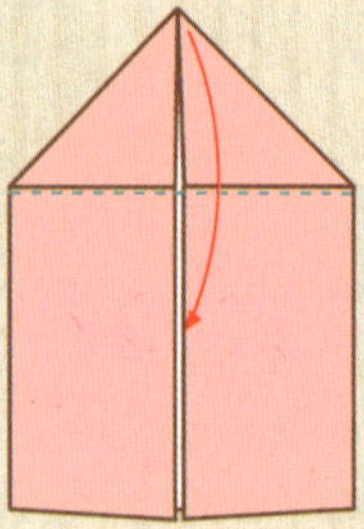

3. 삼각형을 접어 내리세요.

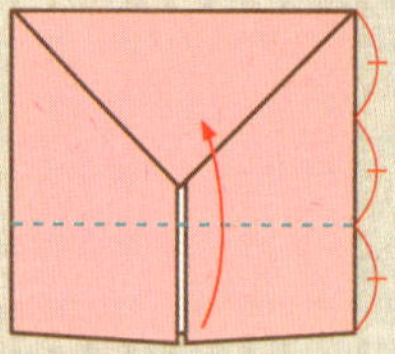

4. 아래에서 3분의 1에 해당하는 지점에서 접어 올려요.

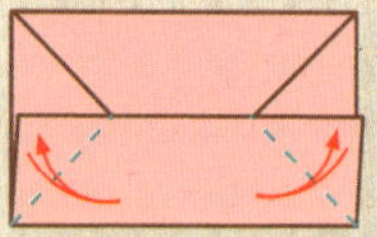

5. ④번 과정에서 접은 부분에 그림과 같이 점선을 만든 다음 ④번 과정에서 접은 종이의 모양으로 돌아가요.

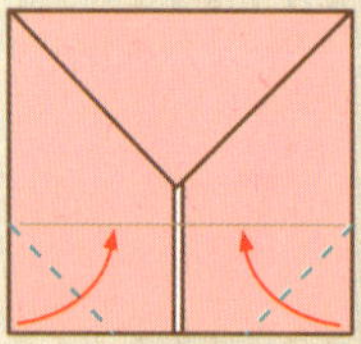

6. 점선대로 접어요.

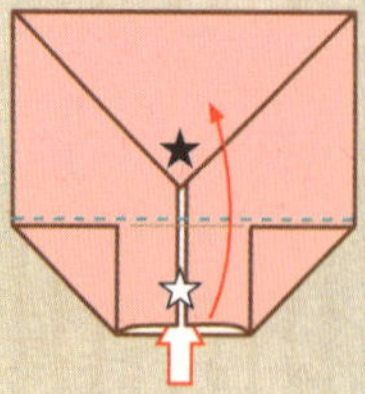

7. 위로 접어 올리면서 ☆ 속에 ★을 끼워 넣어요.

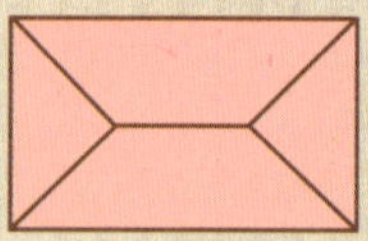

8. 완성.

41 마름모꼴 편지 봉투

Photo P101

종이 종류	좋아하는 무늬의 종이
종이 사이즈	가로 18cm×세로 25cm

가로 19.5cm×세로 9cm

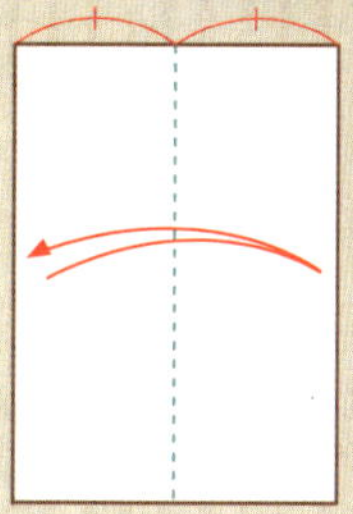

1. 종이의 안면이 위쪽으로 오도록 반으로 접어 점선을 만들어요.

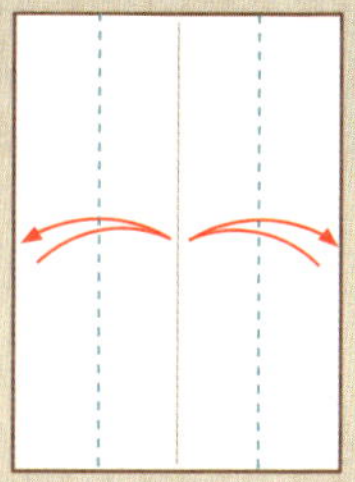

2. 중심선에 닿도록 그림과 같이 점선을 만들어요.

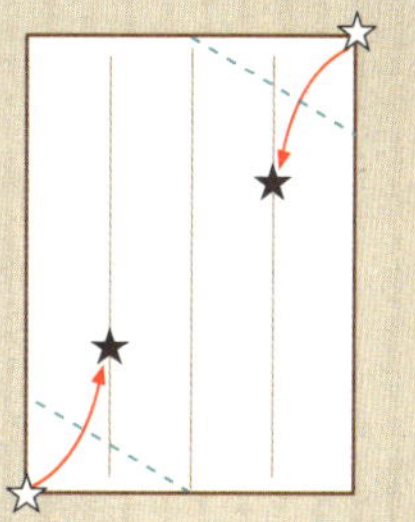

3. ☆이 ★에 오도록 접어요.

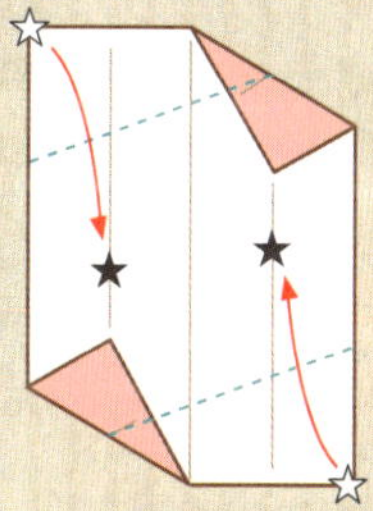

4. ☆이 ★에 오도록 접어요.

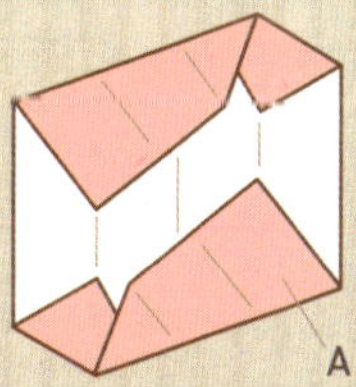

5. A부분을 펼치세요.

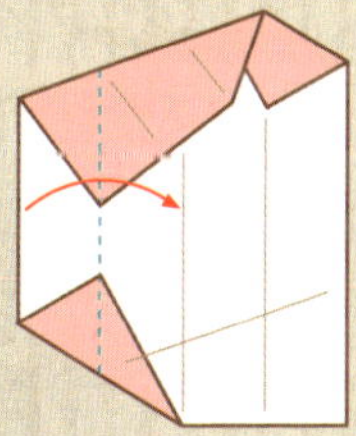

6. 그림과 같이 접어요.

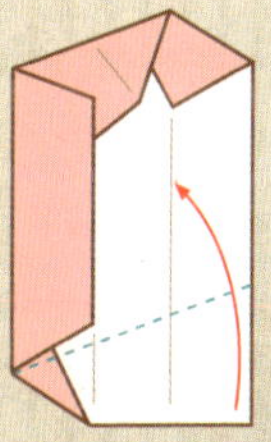

7. A부분을 원래대로 다시 접어요.

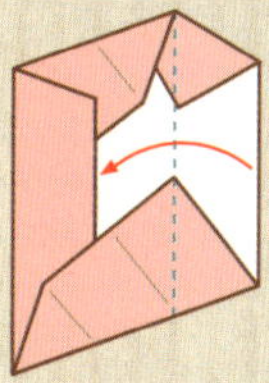

8. 그림과 같이 접어요.

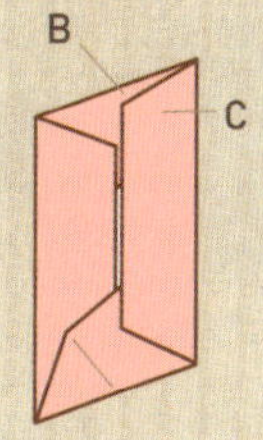

9. C를 B에 넣어요.

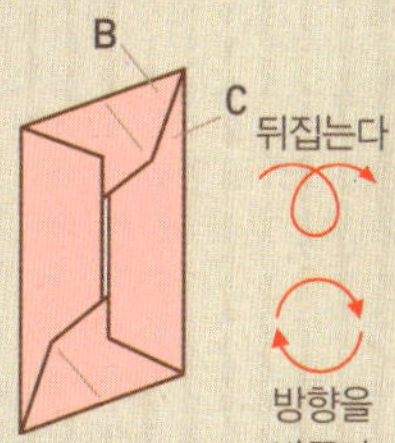

10. 완성.

편지를 넣을 때는 ⑥번 과정에서 넣은 후 접으면 됩니다.

42 꽃무늬 연필통

Photo P102

종이 종류	부드러운 종이
종이 사이즈	[측면] 적당히…2장, [바닥] 적당히…1장
그 밖의 재료	찻통

지름 6.5cm×높이 11cm
(지름 6.5cm×높이 10.8cm의 찻통에 가로 21.5cm×세로 10.8cm×지름 6.5cm의 종이를 붙일 경우)

〈 측면용 〉

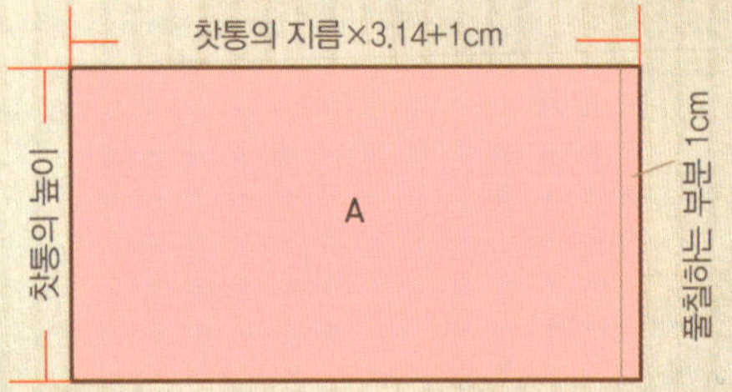

그림과 같은 크기의 종이를 2장 준비하세요.

〈 바닥용 〉

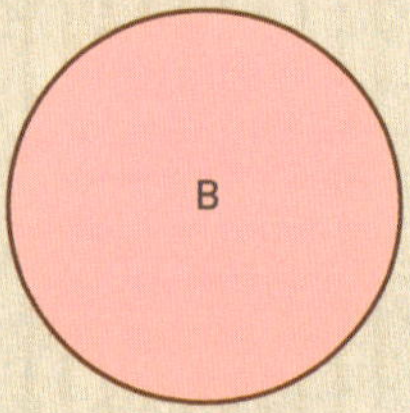

찻통을 종이 위에 올려놓고 찻통의 둘레를 덧그리듯이 바닥에 그려 동그라미를 잘라내요.

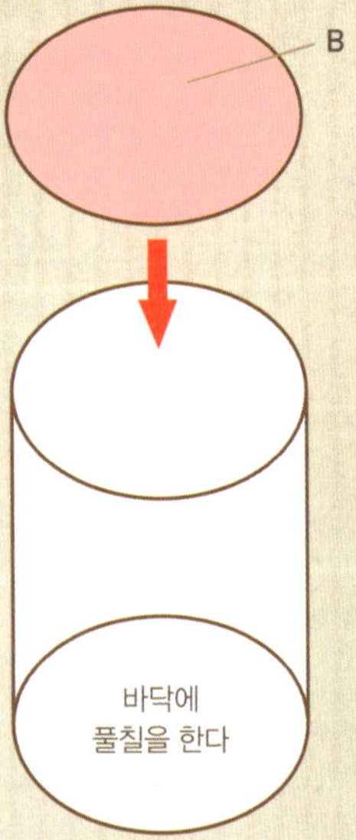

1. 안쪽 바닥에 풀칠을 하고 B를 붙이세요.

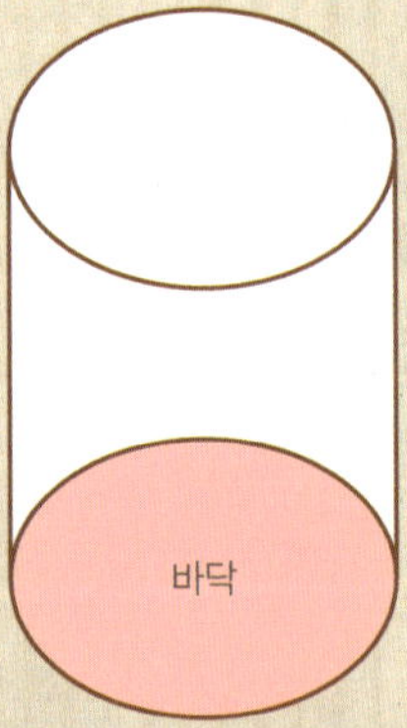

2. A의 풀칠하는 부분 1cm에는 미리 풀칠을 해두세요. 찻통에 직접 풀칠을 한 다음 A를 둘러가며 붙여요. 1cm는 겹쳐 붙여 깔끔하게 정리해요.

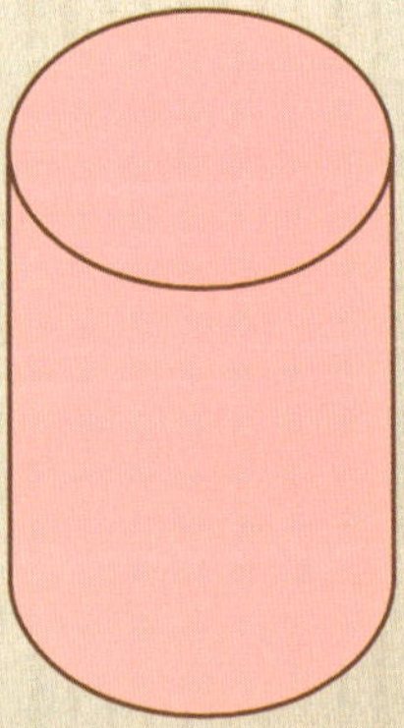

3. 완성.

※ 찻통 등 금속으로 된 통에 종이를 붙일 때는 찻통에 직접 풀칠을 해서 붙입니다.

43 삼각형 안경 케이스

Photo P103

종이 종류	약간 빳빳한 종이
종이 사이즈	[바깥쪽] 가로 33cm×세로 17cm
	[안쪽] 가로 32cm×세로 30cm

가로 15cm×세로 8cm×높이 7cm

〈 바깥쪽 〉

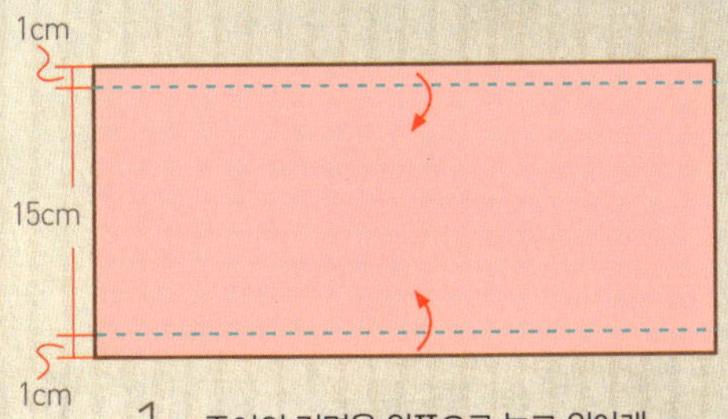

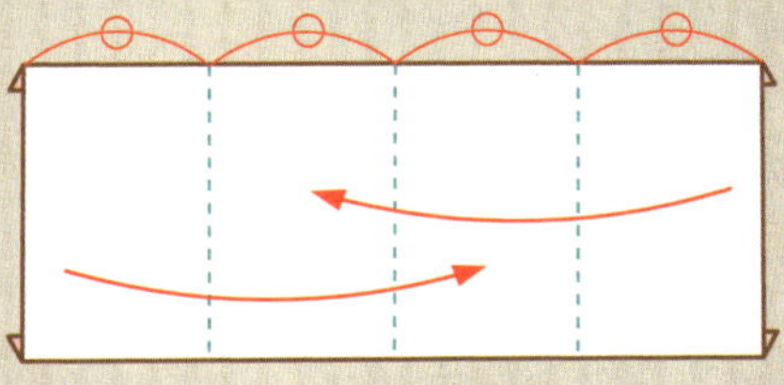

1. 종이의 겉면을 위쪽으로 놓고 위아래 1cm 지점에서 위쪽은 접어 내리고, 아래쪽은 접어 올려요.

2. 4등분하여 중심선 쪽으로 안으로 접어 입체적으로 만드세요.

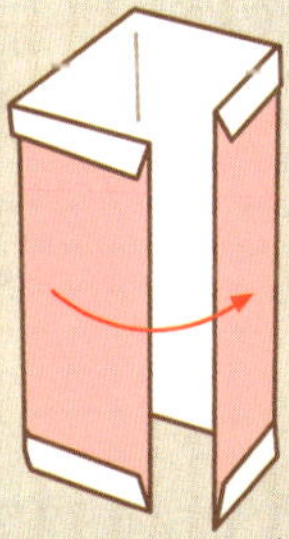

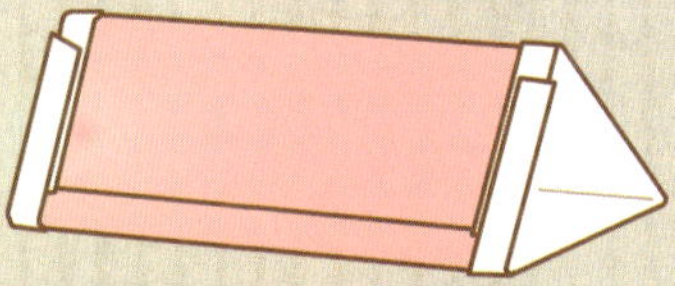

3. 측면의 한 부분을 ①번 과정에서 접어 내리고, 접어 올린 부분에 끼워 넣어요.

4. 끼워 넣은 모양이에요.

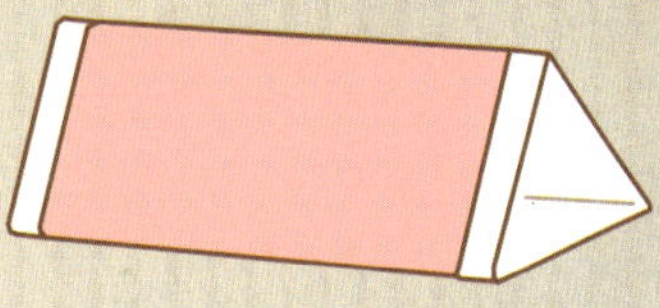

5. 완성.

〈 안쪽 〉

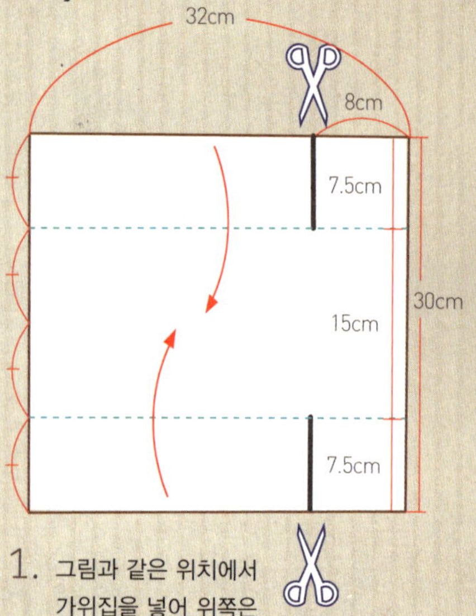

1. 그림과 같은 위치에서 가위집을 넣어 위쪽은 접어 내리고, 아래쪽은 접어 올리세요.

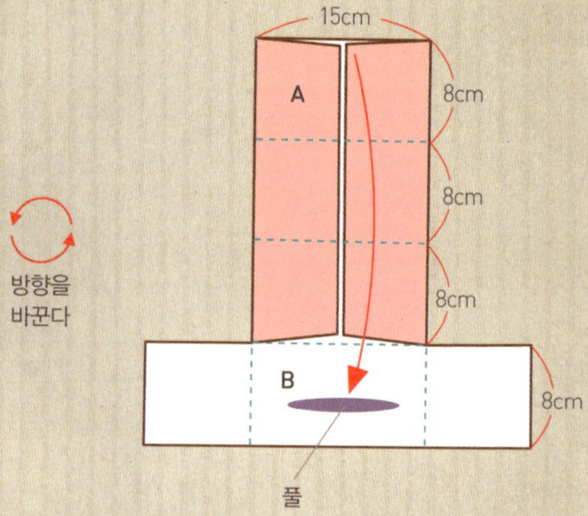

2. 그림과 같은 위치에서 A를 접어 내려 A의 뒷면이 B에 겹쳐지도록 접어 풀로 붙이세요. B의 양 끝은 안쪽으로 접어 점선을 만들어요.

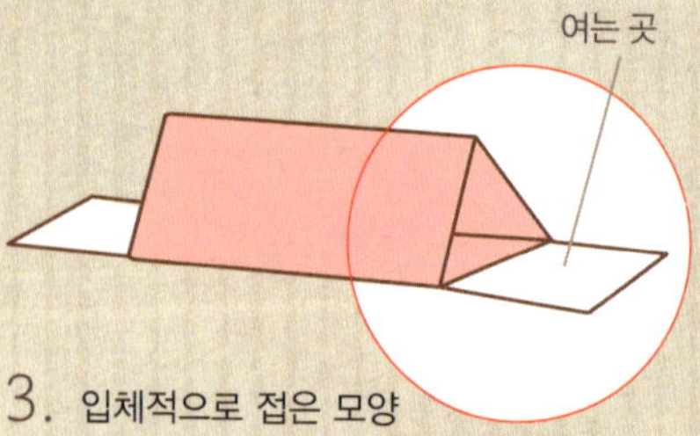

3. 입체적으로 접은 모양이에요.

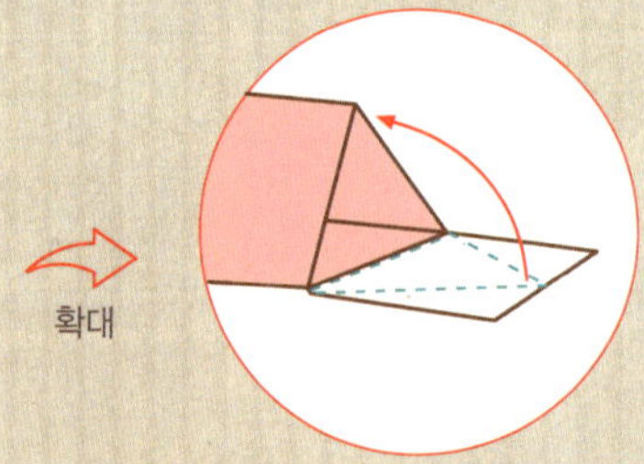

4. 여는 곳의 삼각형에 맞춰 안쪽으로 접어요.

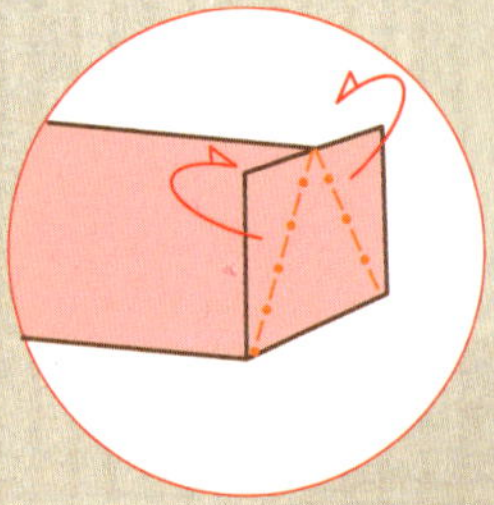

5. 안쪽으로 접어요. 반대쪽은 ④번과 같은 모양으로 하여 안쪽으로 접은 부분을 케이스 안쪽으로 끼워 넣고 풀로 붙이세요.

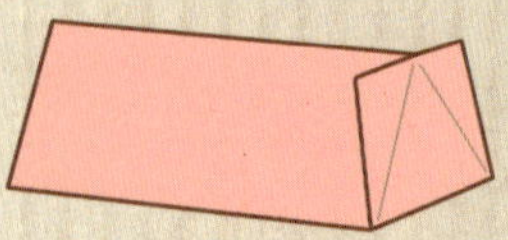

6. 안쪽 완성.

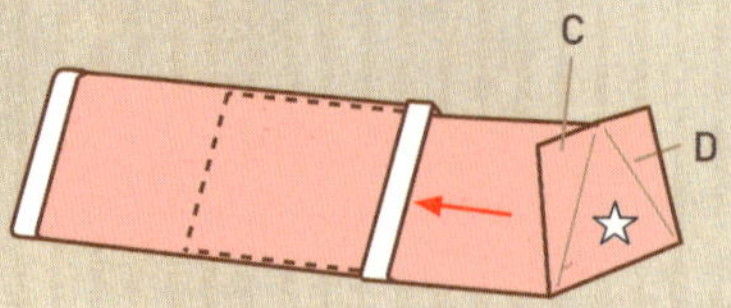

7. 미리 만들어둔 바깥쪽 상자에 안쪽 상자를 끼워 넣은 다음 안경을 넣고 여는 곳의 C와 D를 안쪽으로 끼워 넣어요.

44

Photo P104

투 포켓 명함집

종이 종류	[푸른색] 부드러우면서 잘 찢어지지 않는 종이
	[오렌지색] 부드러우면서 잘 찢어지지 않는 종이
종이 사이즈	가로 63cm×세로 24cm
그 밖의 재료	리본

가로 18cm×
세로 9.5cm
(펼치면 19cm)

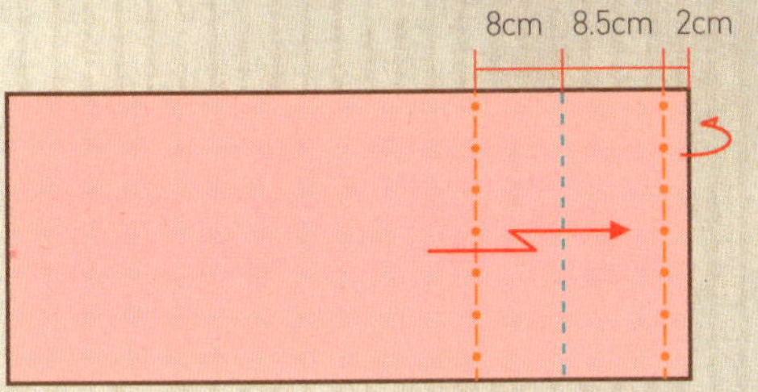

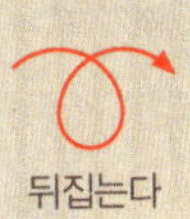

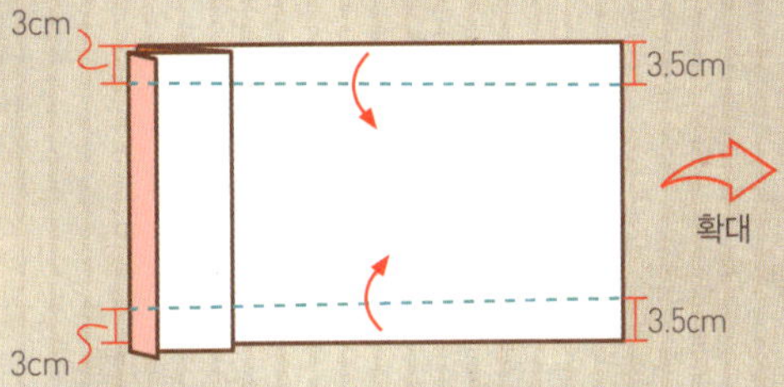

1. 종이의 겉면을 위쪽으로 놓고 그림과 같이 오른쪽 끝에서 2cm 지점에서 바깥으로 접고, 8.5cm, 8cm 지점에서 단으로 접어요.

2. 그림과 같은 위치에서 왼쪽 끝에서 오른쪽 끝으로 향하도록 약간 비스듬하게 위아래를 접어요.

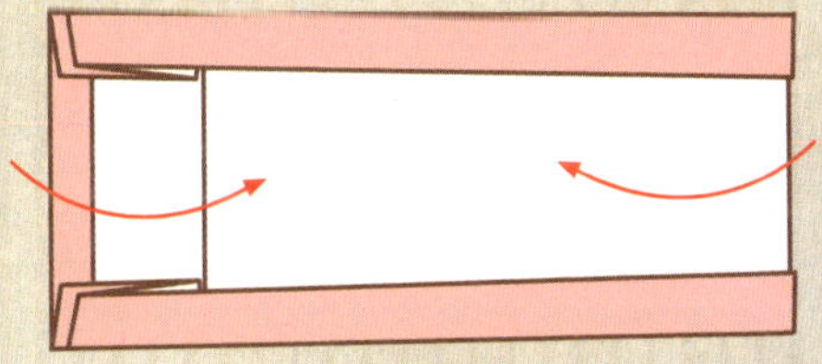

3. 양 끝에서 한가운데로 종이를 모으세요.

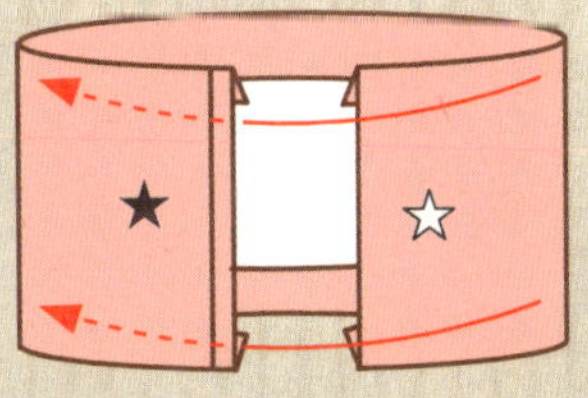

4. ☆을 ★ 안으로 끼워 넣어요.

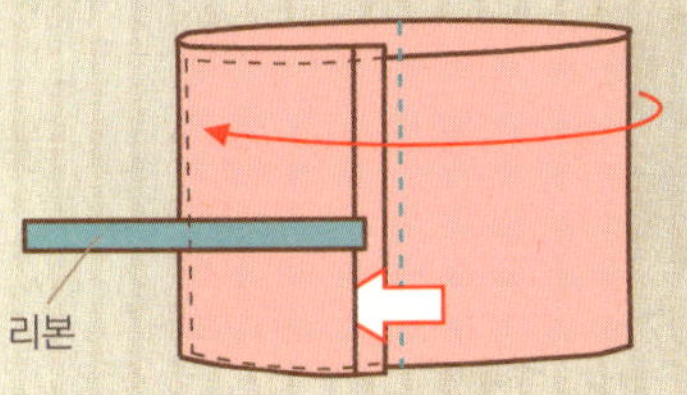

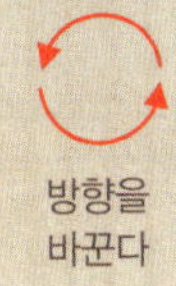

5. 리본을 달고 명함집을 반으로 접어요.

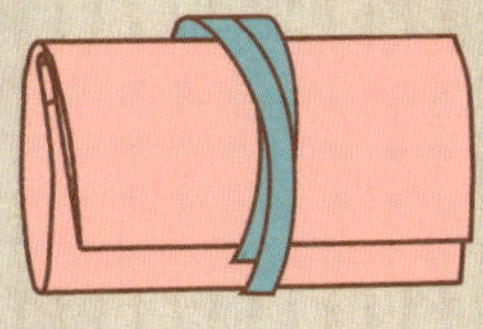

6. 리본을 둘둘 감으면 완성.

45

Photo P106

간편한 CD 케이스

종이 종류	약간 빳빳한 종이
종이 사이즈	가로 22cm×세로 22cm

가로 13cm×세로 13cm

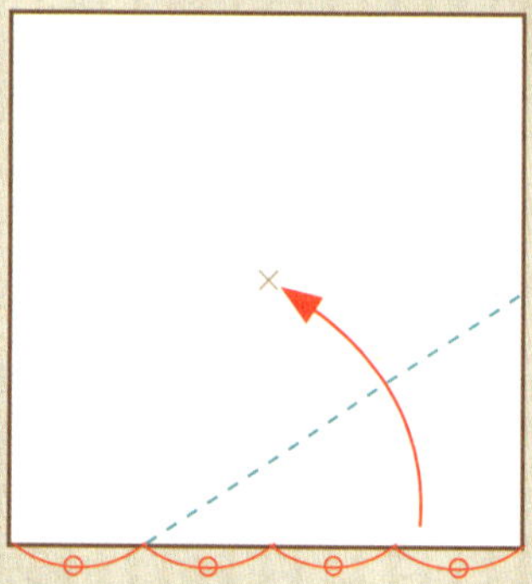

1. 종이의 안면이 위쪽으로 오도록 하여 중심점을 체크하고, 아랫부분을 4등분하여 그림과 같이 접어요.

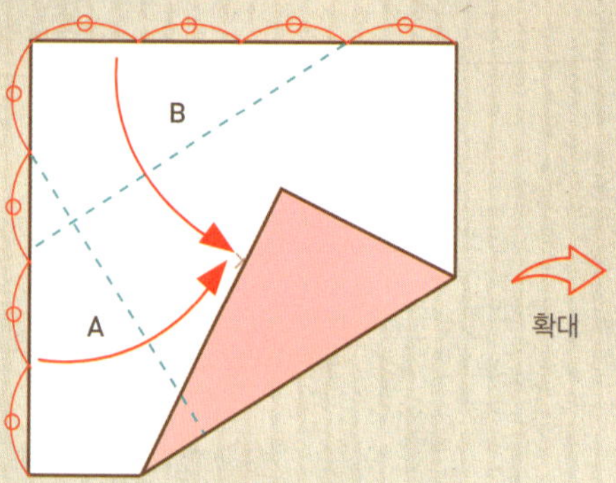

2. ①번과 같은 방법으로 A, B 순으로 접어요.

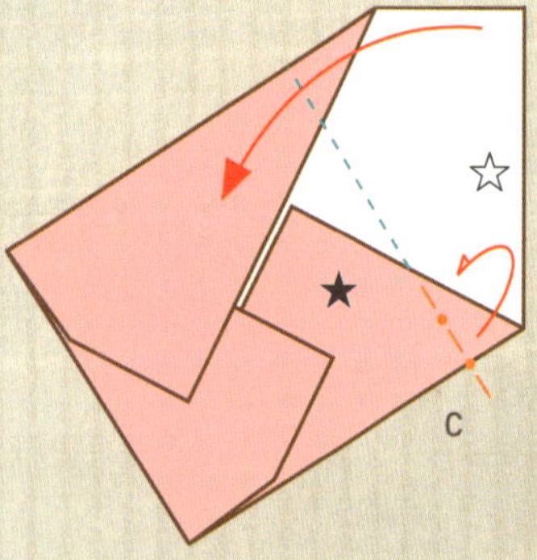

3. 안쪽으로 접어 점선을 만든 다음 C 부분만 바깥쪽으로 접어 ☆을 ★ 안으로 넣어요.

4. 완성.

46 도트 무늬 메모 케이스

Photo P106

종이 종류	도트 무늬 종이
종이 사이즈	가로 28.5cm×세로 28.5cm

가로 9.5cm×
세로 11.5cm

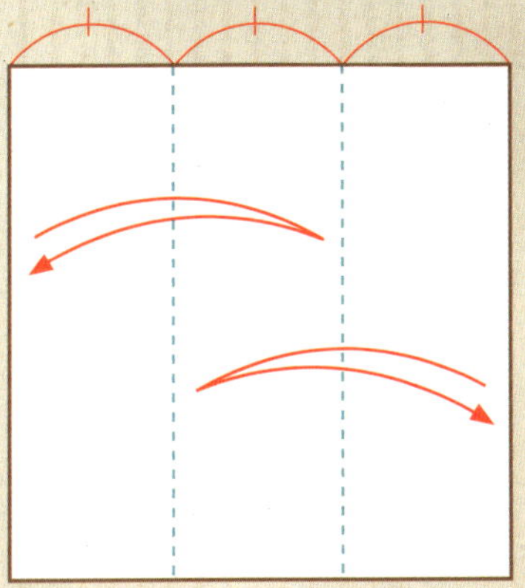

1. 종이의 안면이 위쪽으로 오도록 3등분하여 점선을 만들어요.

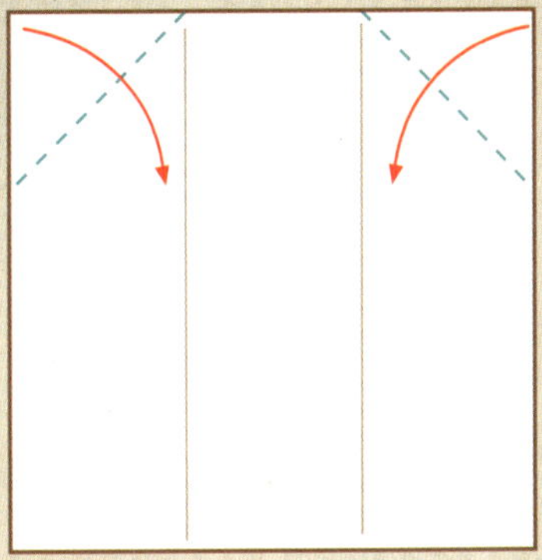

2. 위쪽 모서리를 삼각형으로 접어요.

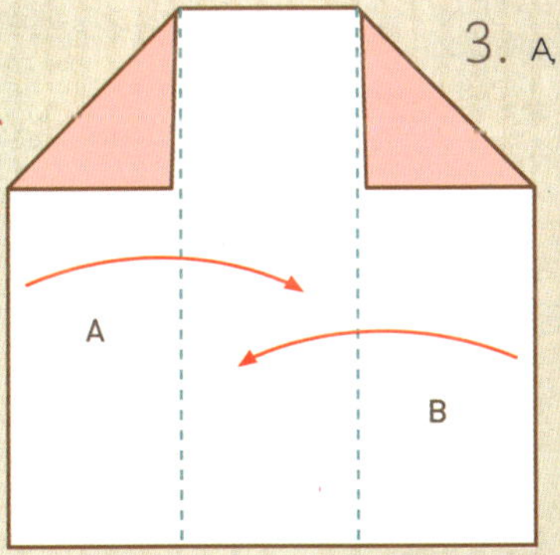

3. A, B 순으로 접어요.

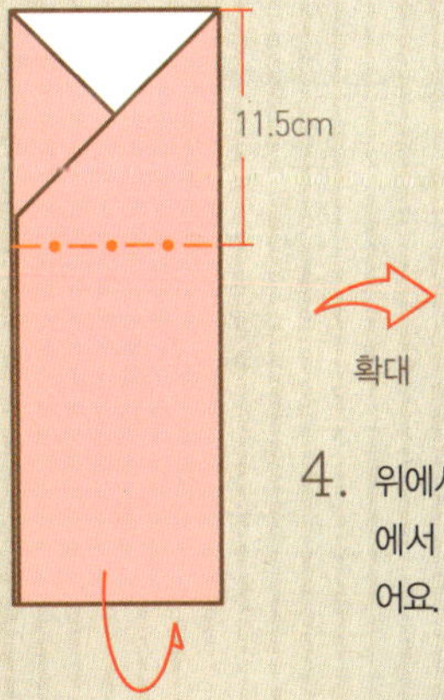

4. 위에서 11.5cm 지점에서 바깥쪽으로 접어요.

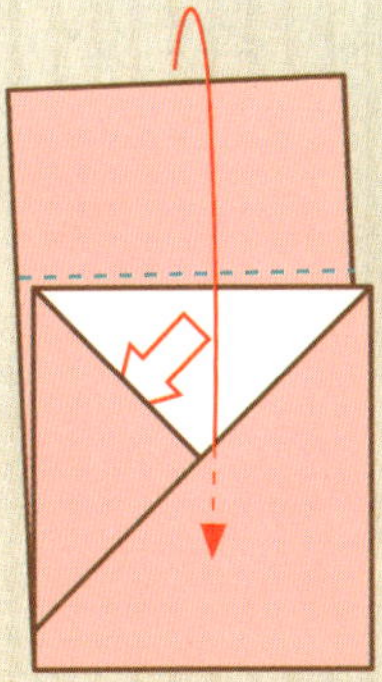

5. 그림과 같은 위치에서 안쪽으로 접어 화살표 속으로 끼워 넣어요.

6. 완성.

47 해피 미니 앨범

Photo P108

종이 종류	약간 빳빳한 종이
종이 사이즈	가로 54cm×세로 28cm

가로 9cm(펼치면 18cm)×세로 14cm

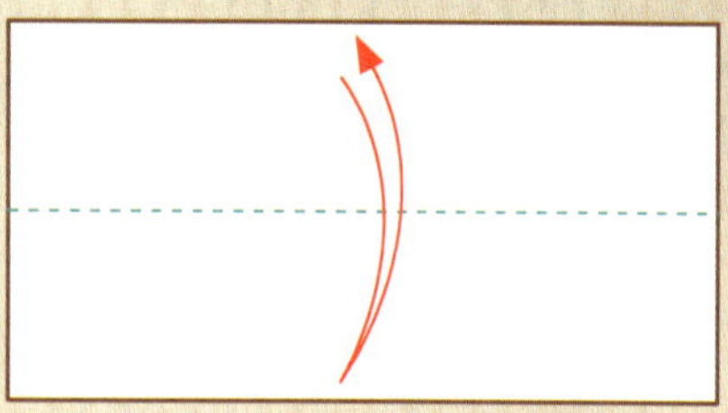

1. 종이의 안면이 위쪽으로 오도록 접어 올려 점선을 만들어요.

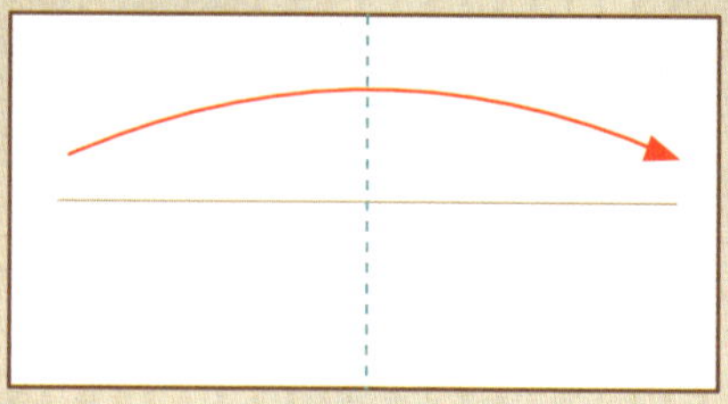

2. 그림과 같이 반으로 접어요.

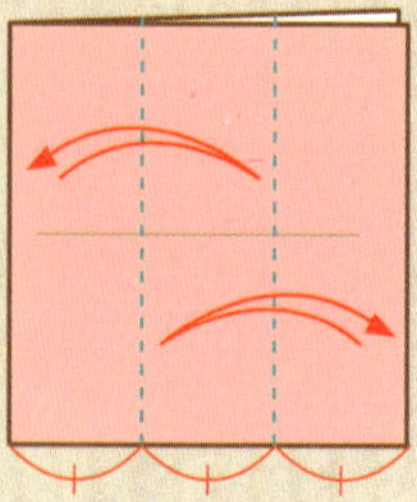

3. 종이를 3등분하여 점선을 만들어요.

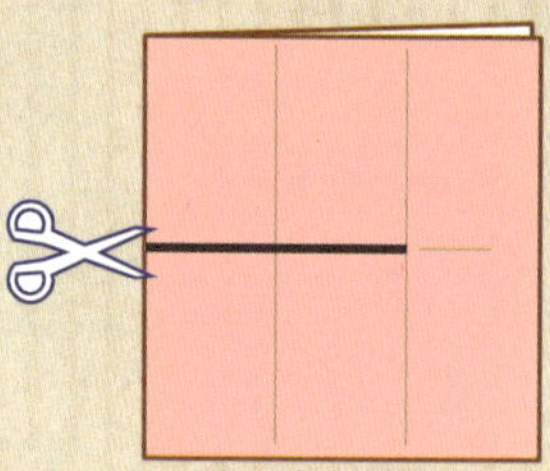

4. 그림과 같이 왼쪽에서 오른쪽으로 3분의 2 지점까지 가위집을 넣어 펼치세요.

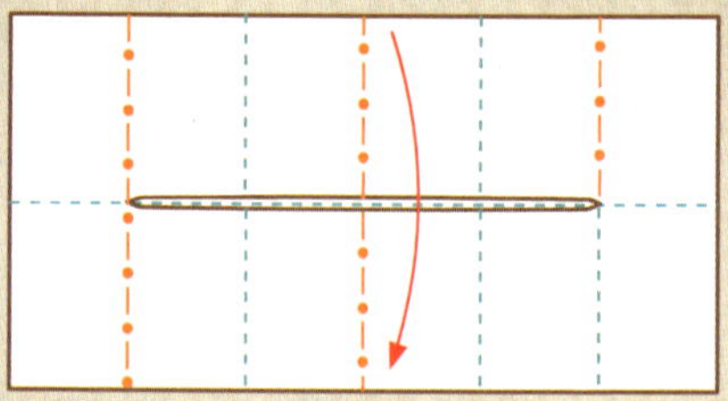

5. 그림과 같이 위쪽에서 아래쪽으로 반으로 접어 내려 입체적으로 만들어요.

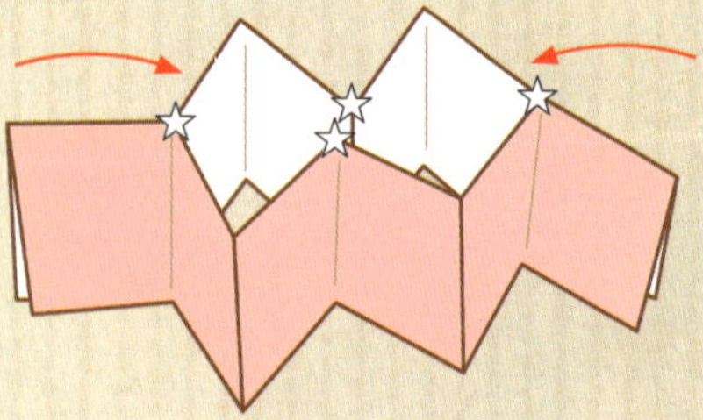

6. 접은 모양이에요. ☆과 ☆이 중앙 부근에 겹쳐지도록 접어요.

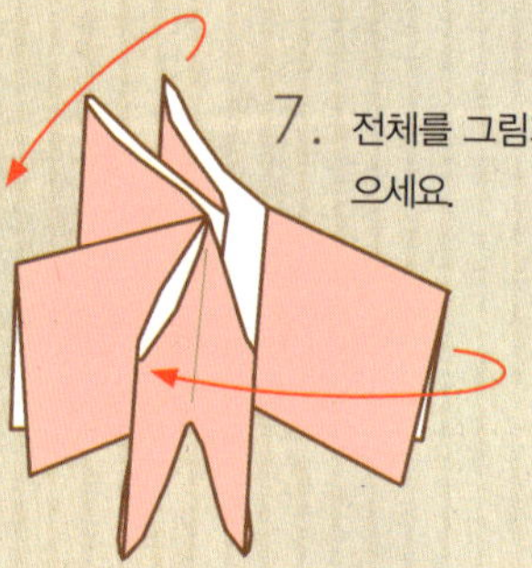

7. 전체를 그림과 같이 모으세요.

8. 완성.

48 레이스 페이퍼로 만든 카드 케이스

Photo P109

종이 종류	[본체] 약간 빳빳한 종이, [장식] 레이스 페이퍼
종이 사이즈	[본체] 가로 22cm×세로 26cm, [장식] 적당한 사이즈

원안 | 후지타 후미아키(藤田文章) 재구성 | 나카지마 스스무(中島進)

가로 10cm×세로 6.5cm

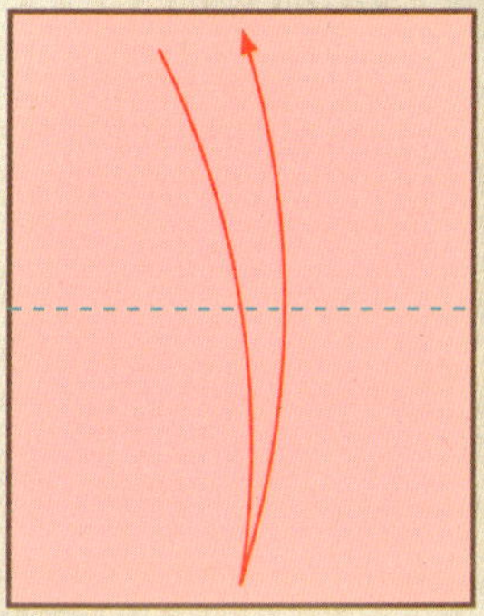

1. 종이의 겉면을 위쪽으로 놓고 반으로 접어 점선을 만들어요.

2. 그림과 같이 위아래를 1cm 접어요.

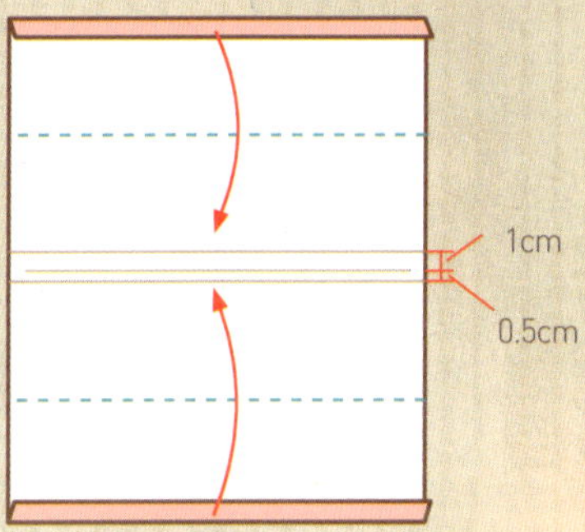

3. 중심선의 위쪽은 1cm, 아래쪽은 0.5cm를 남기고 위쪽은 접어 내리고, 아래쪽은 접어 올려요.

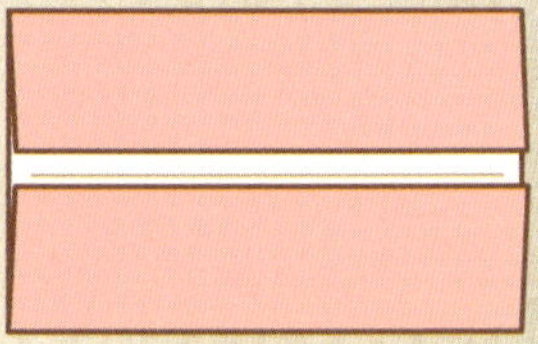

4. 접은 모양이에요. ②번 과정과 같은 모양이 되도록 종이를 펼치세요.

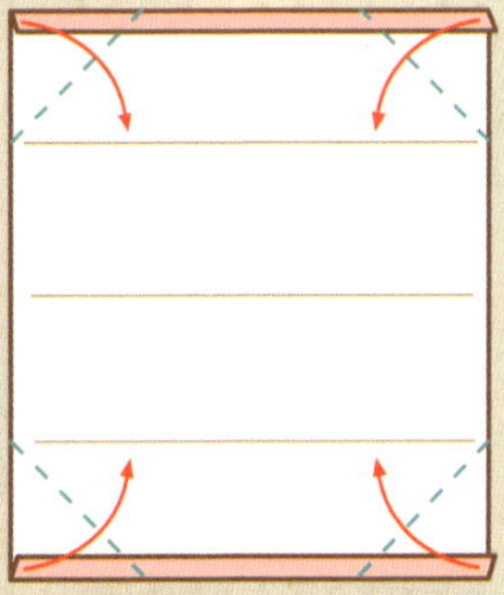

5. 그림과 같은 위치에서 네 곳의 모서리를 삼각형으로 접어요.

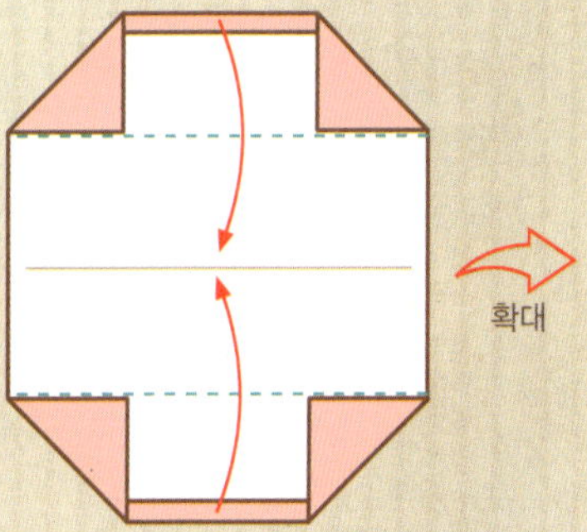

6. ③번 과정에서 만든 점선대로 접어요.

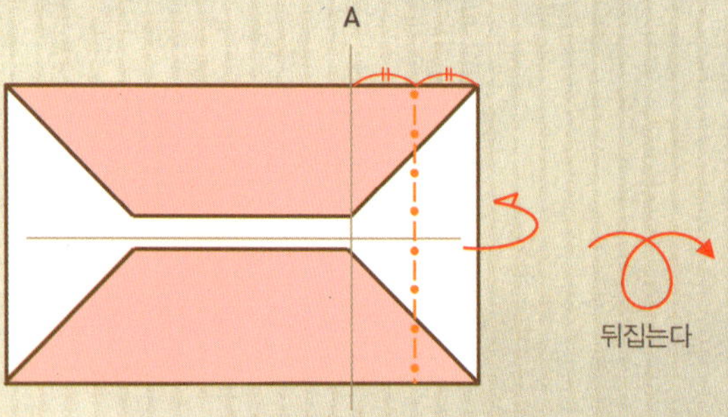

7. 그림과 같은 위치에서 바깥쪽으로 접어요.

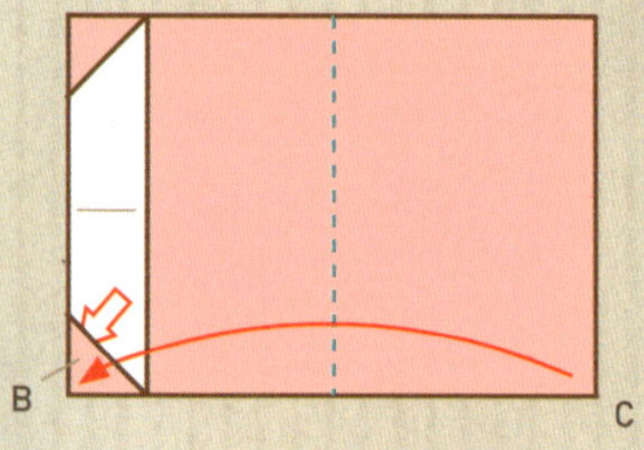

8. C의 모서리를 B의 포켓에 끼워 넣어요.

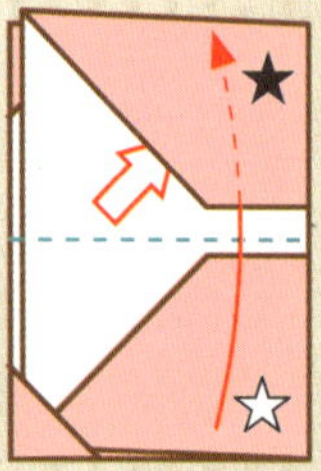

9. ☆을 ★의 포켓에 끼워 넣어요.

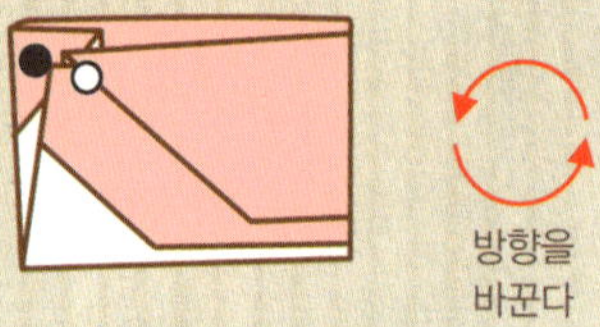

10. ○의 모서리를 ●의 포켓에 끼워 넣어요.

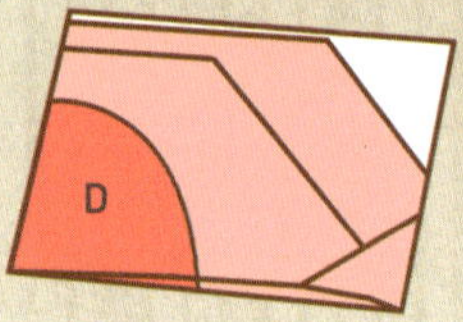

11. 완성.

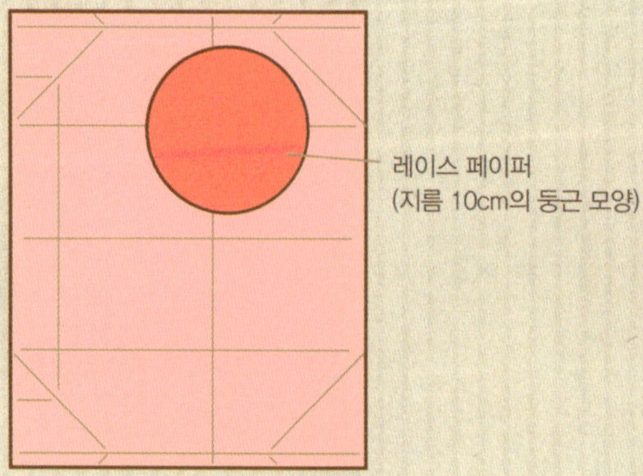

12. 완성된 본체처럼 레이스 페이퍼를 붙일 때는 ⑪번 과정에서 붙이고 싶은 곳(D)에 체크하여 ①번 과정으로 되돌아가 종이를 펼친 후에 붙이세요. 그런 다음 다시 ⑪번 과정까지 다시 접으세요.

49 아코디언 스타일 카드 파일

Photo P110

종이 종류	[칸막이] [측면] 튼튼한 종이, [장식용] 화려한 무늬의 종이
종이 사이즈	[칸막이] 가로 98cm×세로 11cm
	[측면] 가로 28cm×세로 8cm…2장
	[장식용] 가로 18cm×세로 13cm…각 1장씩

가로 13cm×세로 9cm×높이 4cm

〈 칸막이 〉

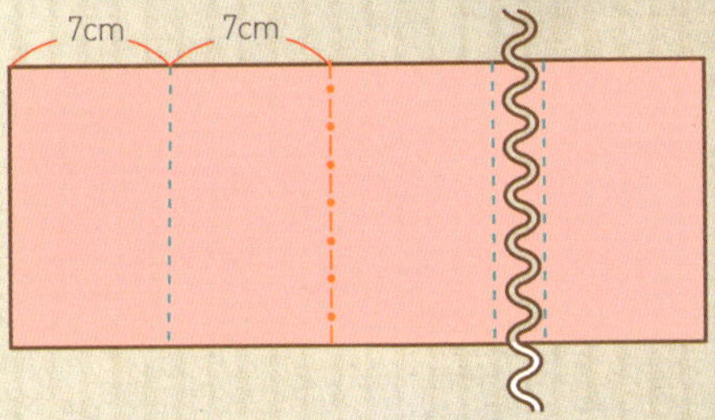

1. 종이의 겉면을 위쪽으로 놓고 그림과 같이 접어 나가세요.

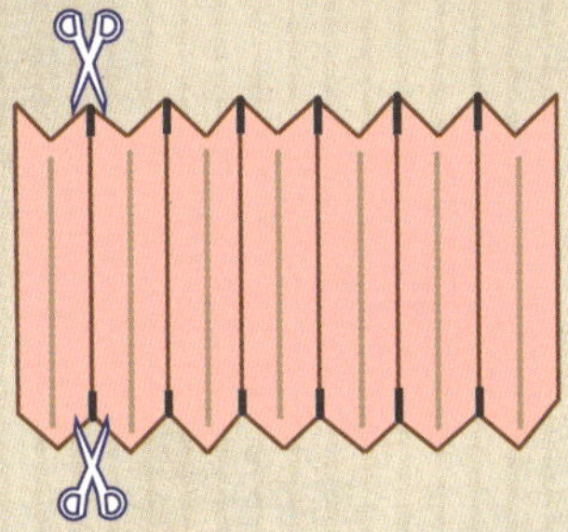

2. 그림과 같이 바깥으로 접은 선 쪽에 1cm 정도 가위집을 넣어요.

〈 측면 〉

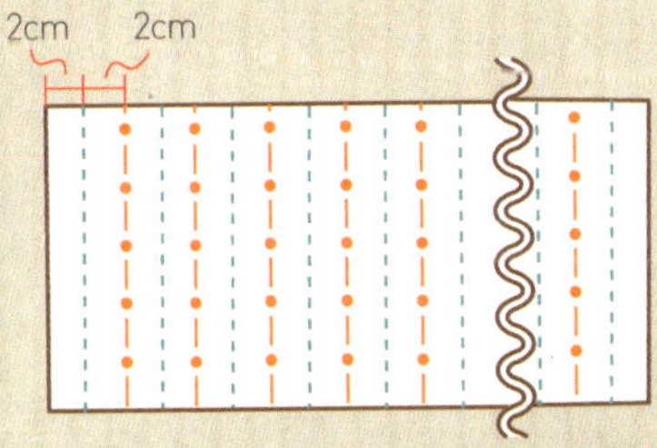

1. 그림과 같이 2cm 간격마다 안쪽으로 접기와 바깥으로 접기를 반복하여 접어 나가세요. 똑같은 종이를 1장 더 접어요.

〈 바깥쪽 · 장식용 〉

1. 바깥쪽 종이와 장식용 종이를 2장 겹쳐서 풀로 붙이세요. 이때 장식용 종이의 무늬가 겉으로 나오도록 하세요.

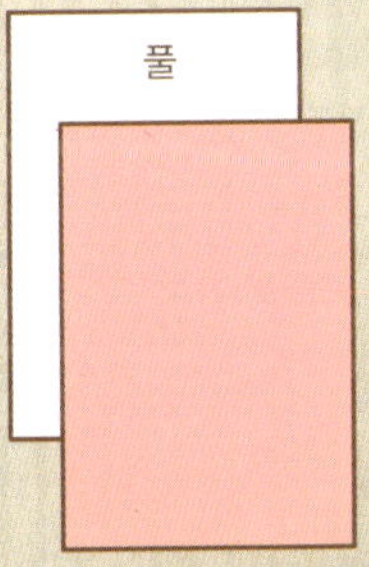

〈 칸막이 〉

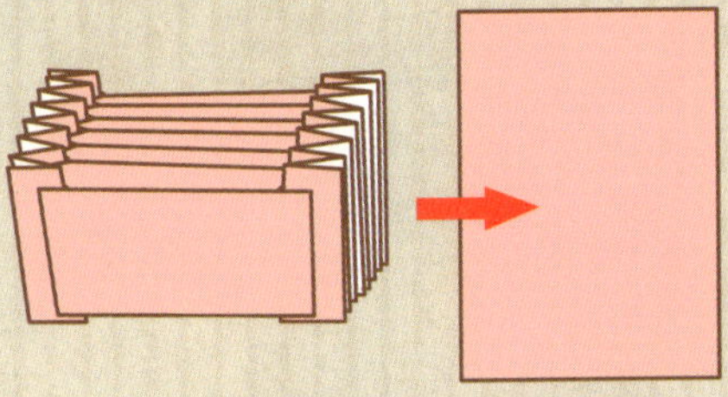

1. 칸막이의 가위집에 측면의 바깥쪽으로 접은 부분을 끼우고 풀로 붙이세요. 그런 다음 바깥쪽 종이로 전체를 감싸서 풀로 붙이세요.

2. 완성.

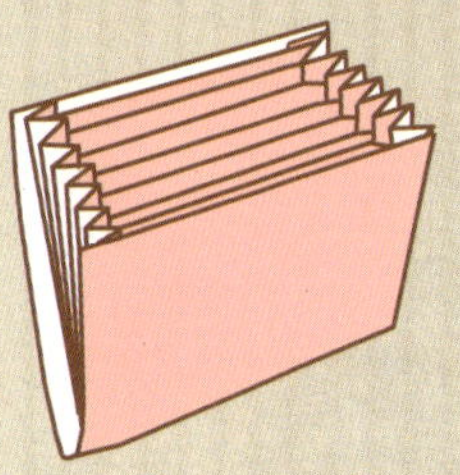

50

Photo P111

A4 사이즈 서류 파일

종이 종류	약간 빳빳한 종이
종이 사이즈	[별지] 가로 44cm×세로 33.5cm, [본체] 가로 90cm×세로 60cm

가로 23.5cm(펼치면 47cm)×세로 31cm

〈 별지 〉

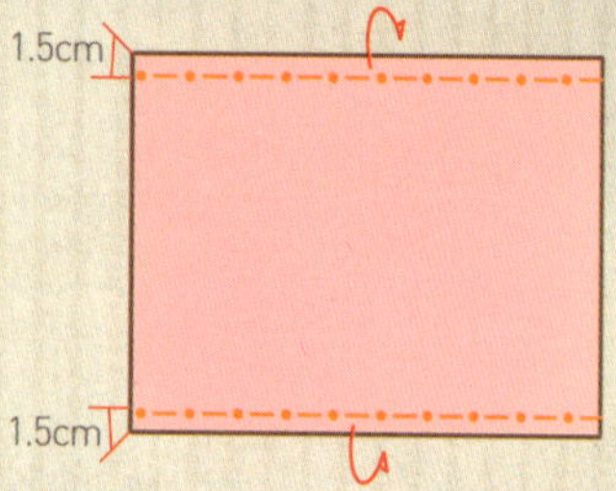

종이의 겉면을 위쪽으로 놓고 위아래에서 1.5cm 지점에서 바깥으로 접어요.

〈 본체 〉

1. 종이의 안면을 위쪽으로 놓고 좌우 2.5cm 지점에서 안쪽으로 접어요.

확대

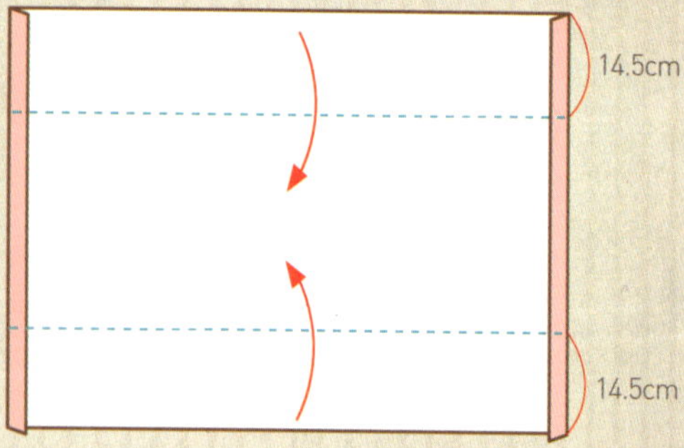

2. 위아래 14.5cm의 지점에서 안쪽으로 접어요.

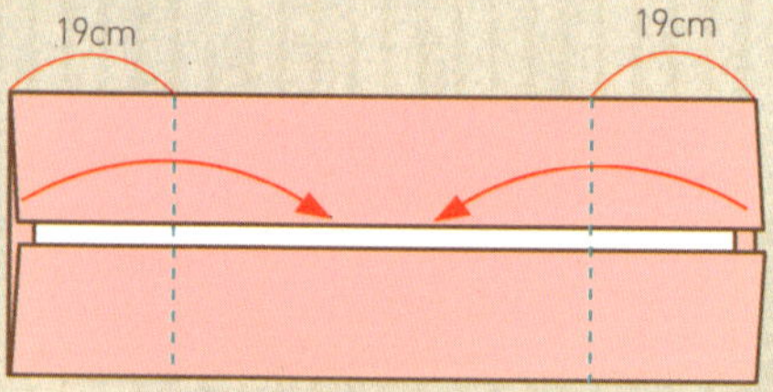

3. 좌우 19cm 지점에서 안쪽으로 접어요.

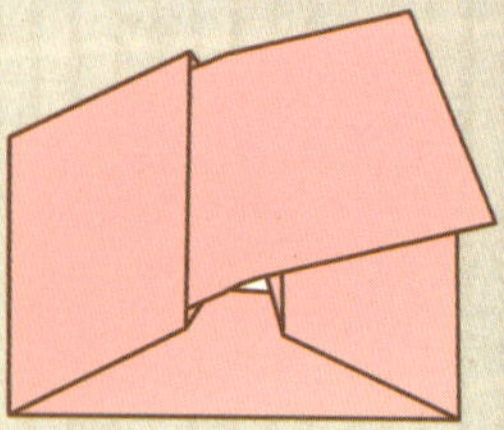

4. 좌우의 포켓에 별지를 끼워 넣어요.

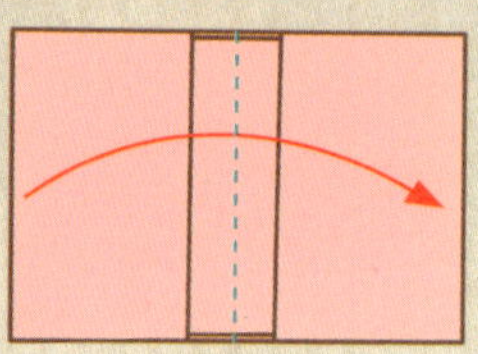

5. 반으로 접어요.

6. 완성(양쪽의 포켓에 서류를 끼우세요).

51 미니 수납함

Photo P112

종이 종류	화려한 무늬의 종이
종이 사이즈	가로 15cm×세로 15cm

지름 7.5cm

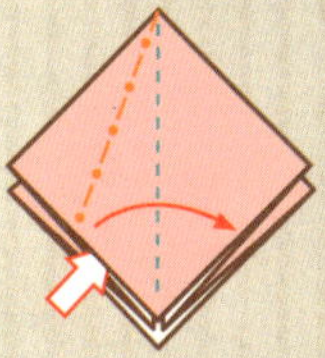

1. 사각 접기(p.8 참고)를 한 다음 ②번 그림처럼 접어요.

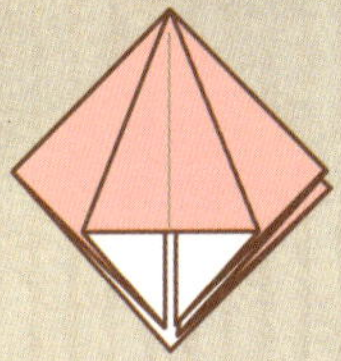

2. 접은 모양이에요. 네 곳 모두 같은 모양으로 접어요.

3. 그림과 같이 아래쪽을 가위로 잘라내고 종이를 펼치세요.

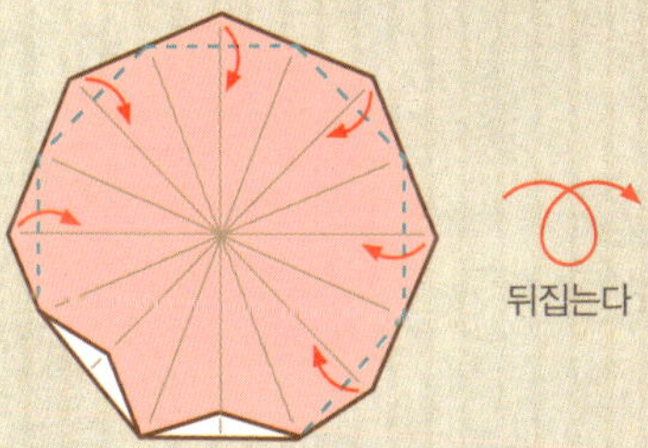

4. 종이의 겉면을 위쪽으로 놓고 그림과 같이 모서리를 접어요.

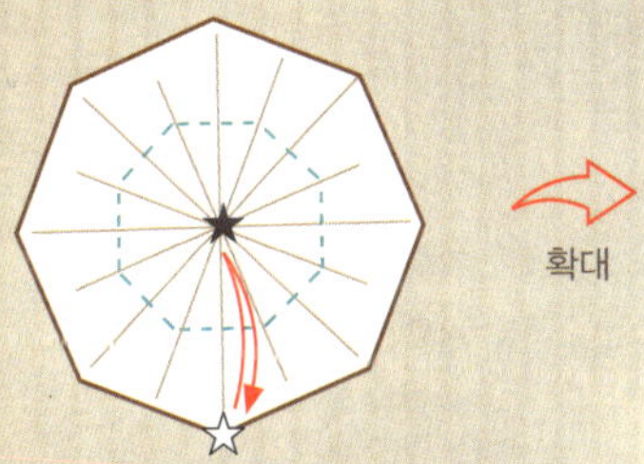

5. ☆이 ★(중심)에 닿도록 점선을 만들어요.

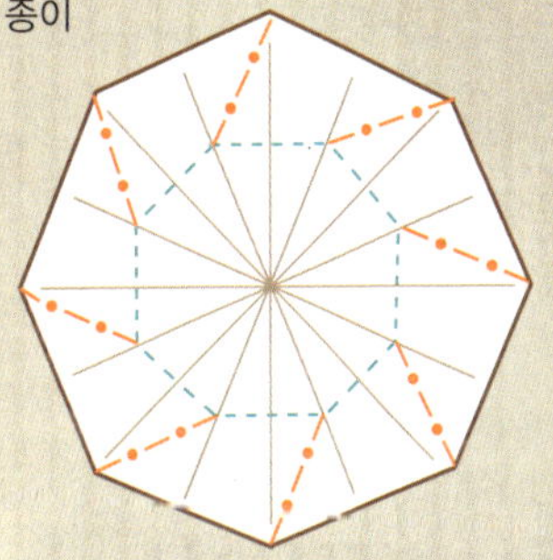

6. 그림과 같이 바깥으로 접는 점선을 만들어요.

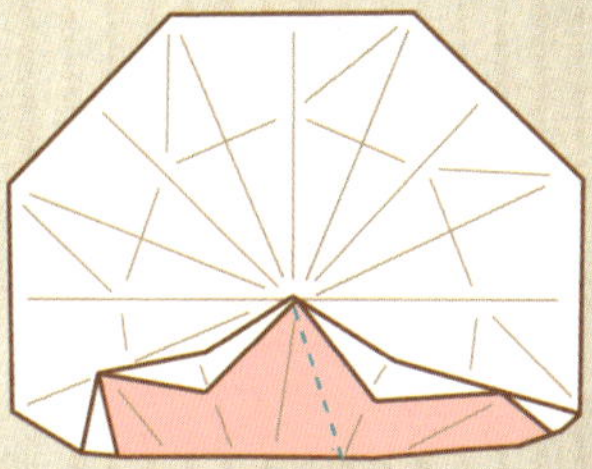

7. ⑤번 과정에서 만든 점선을 사용하여 모서리를 중심에 맞춰 ⑥번 과정에서 만든 점선을 비스듬하게 접어요(⑧번 과정 참조).

8. 접고 있는 모양이에요. 이와 같은 방법으로 다른 모서리도 접어 나가세요.

9. 마지막 모서리 쪽은 맨 처음 접은 곳을 펼쳐 접어 넣어요.

10. 완성.

52

Photo P113

큐브 박스

종이 종류 약간 빳빳한 종이

종이 사이즈 가로 30.5cm×세로 30.5cm

원안 | 조반니 마르타리아타

가로 7.5cm×세로 7.5cm×높이 7.5cm

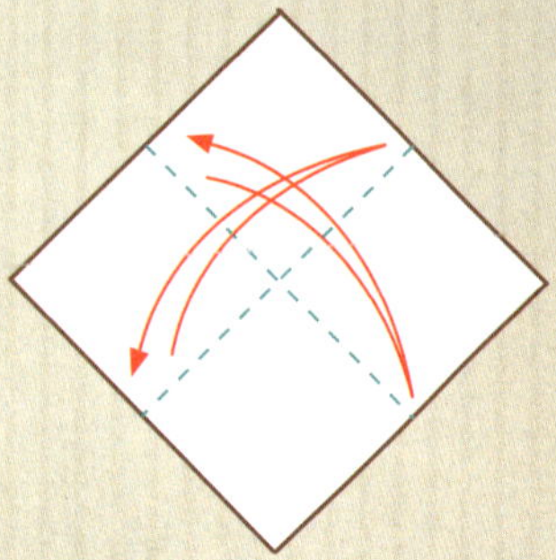

1. 종이의 겉면을 위쪽으로 놓고 그림과 같이 점선을 만들어요.

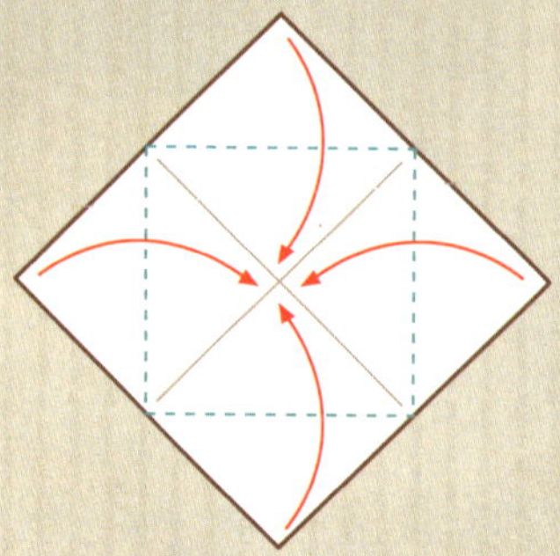

2. 방석 접기(p.8 참고)를 해요.

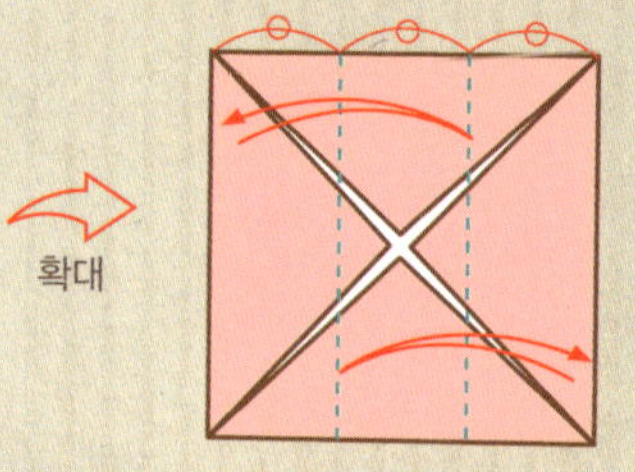

3. 3등분하여 점선을 만들어요.

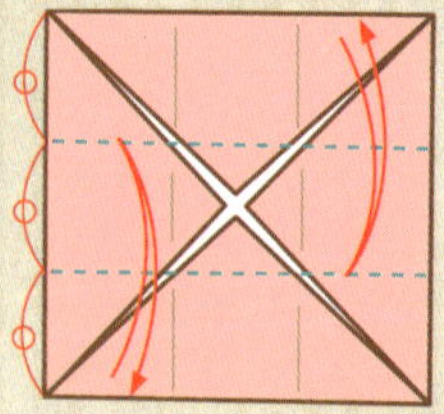

4. 이번에는 가로로 3등분 하여 점선을 만들어요.

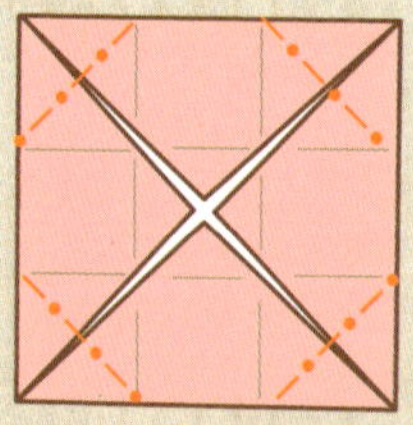

5. 네 모서리에 바깥으로 접는 점선을 만든 후에 종이를 펼치세요.

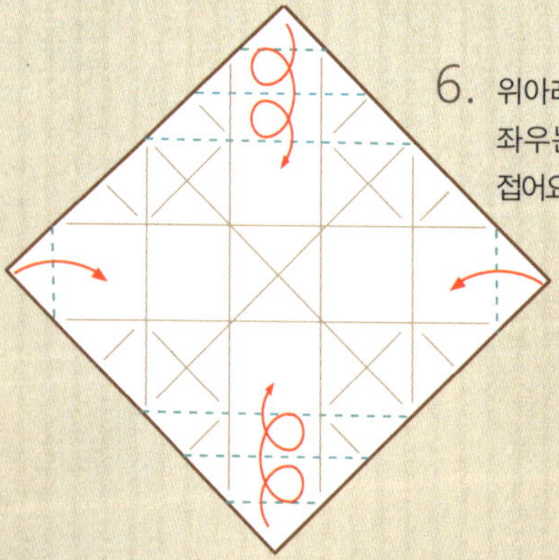

6. 위아래는 말아 접고 좌우는 삼각형으로 접어요.

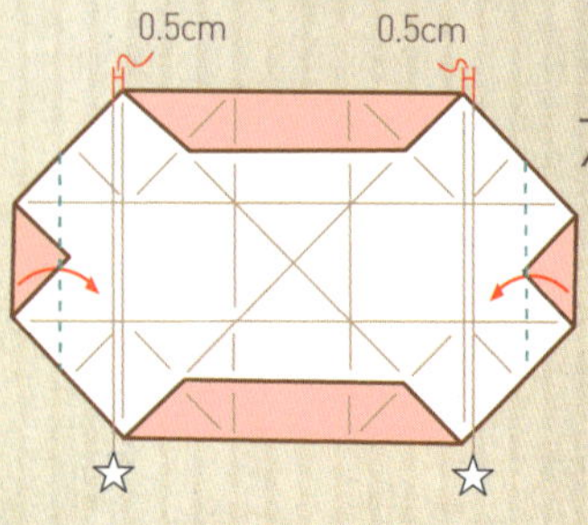

7. 양 끝을 ☆의 선 부근(점선에서 0.5cm 정도)에 맞춰 접어요.

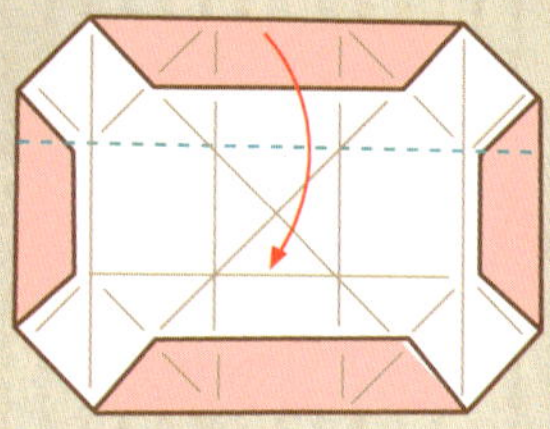

8. 윗부분만 안쪽으로 접어 내리세요.

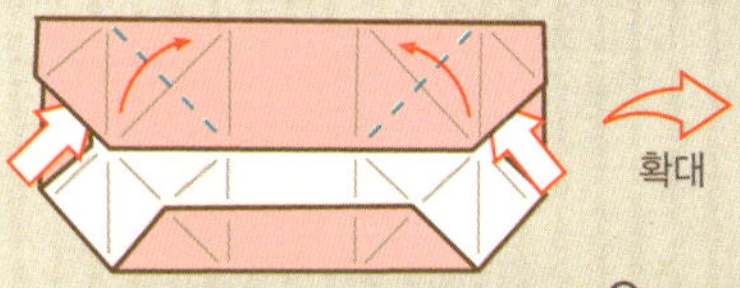

9. 위쪽 종이 1장만 사이를 벌려 안쪽으로 접어요.

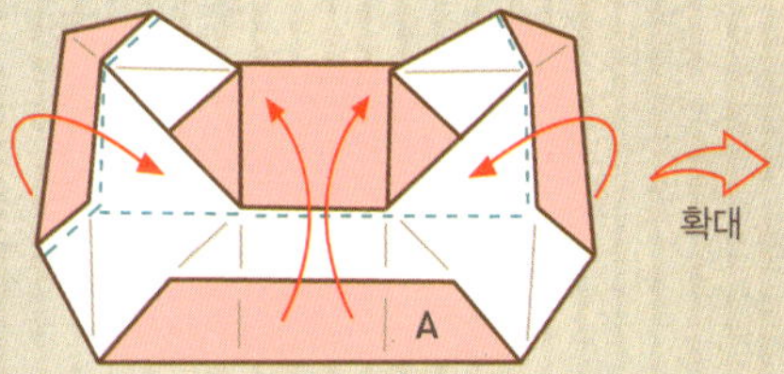

10. A부분을 안쪽으로 접어 올린 다음 ⑨번 과정과 같은 모양으로 접어 양 끝을 점선대로 접어요.

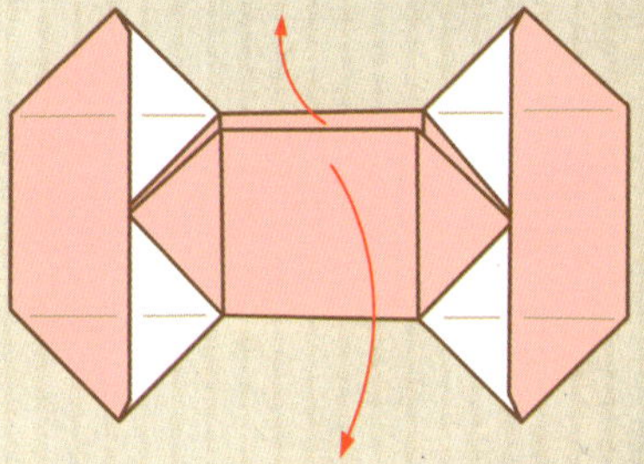

11. 중앙을 위아래로 약간 벌려 입체화시키세요(⑫번 과정 참조).

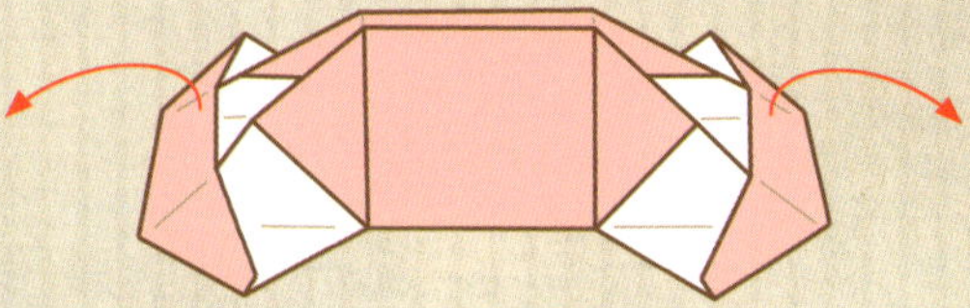

12. 양 끝을 살짝 잡아당기세요.

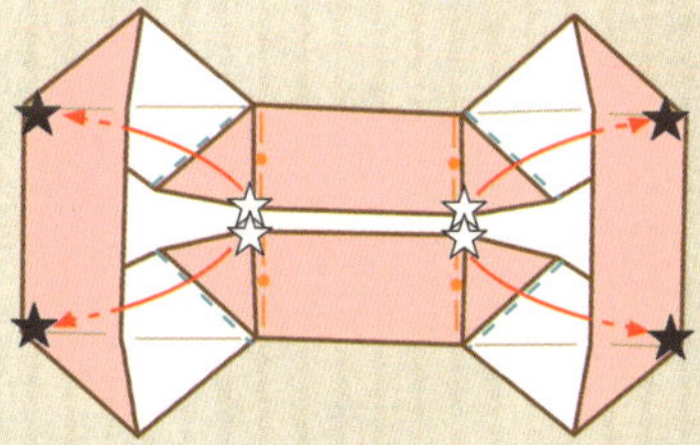

13. ☆이 ★(안쪽)에 닿도록 점선대로 접어요.

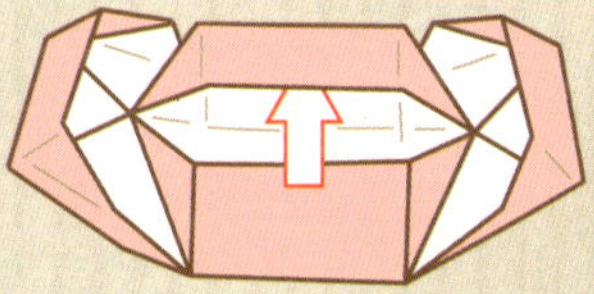

14. 위아래 모두 안쪽으로 꺼내세요.

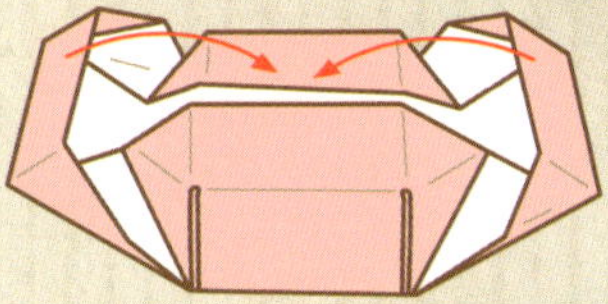

15. 양 끝을 덮어 씌우듯이 접어요.

16. 완성.

53

Photo P114

미니 종이봉투

종이 종류	약간 빳빳한 종이
종이 사이즈	가로 38cm×세로 33.5cm
그 밖의 재료	리본

원안 | 츠바사 테루미(翼照美)

가로 폭 11.5cm×너비 3.5cm×높이 12.5cm

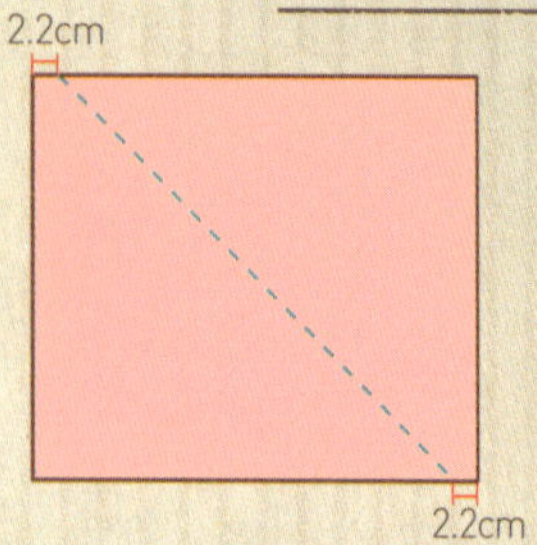

1. 종이의 겉면을 위쪽으로 놓고 그림과 같이 안쪽으로 접어요.

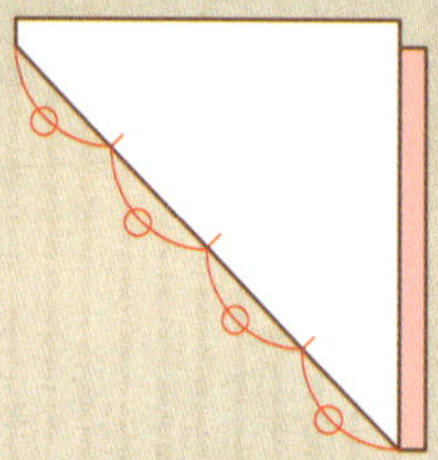

2. 4등분하여 위치를 체크하세요.

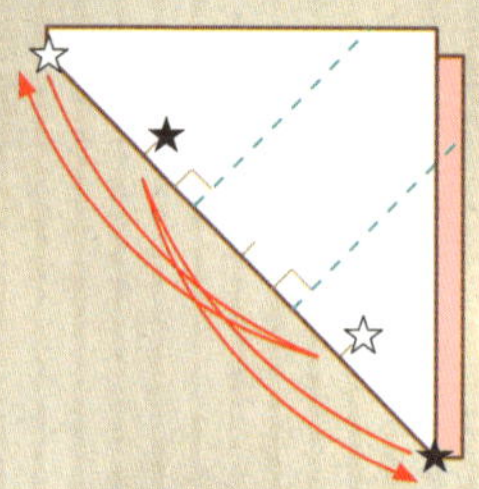

3. ☆-☆, ★-★이 만나도록 점선을 만들어요.

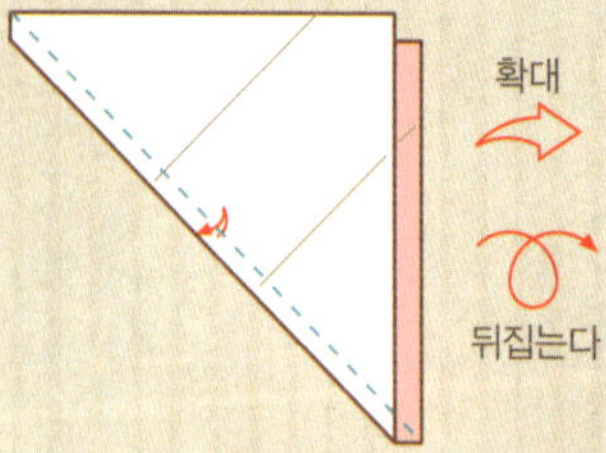

4. 그림과 같은 위치에서 안쪽으로 접은 다음 종이를 펼치세요.

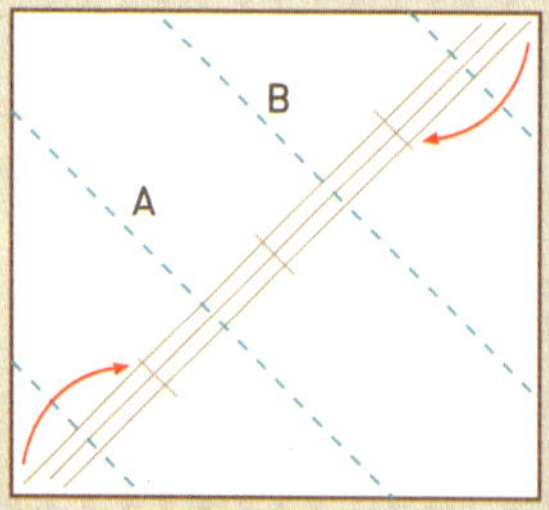

5. A, B는 안쪽으로 점선을 만들고 모서리는 점선에 맞춰 삼각형으로 접어요.

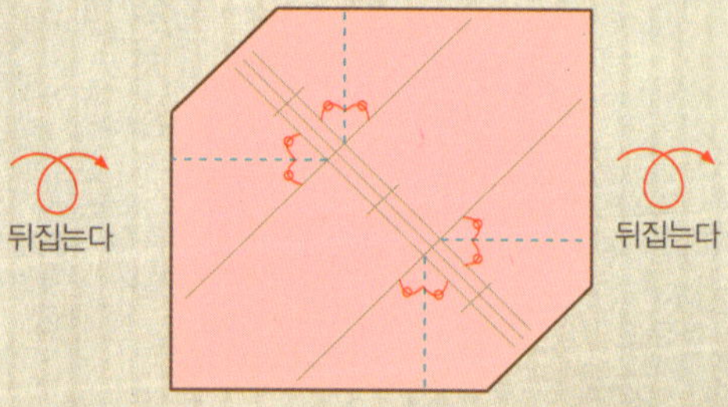

6. 그림과 같이 점선을 만들어요.

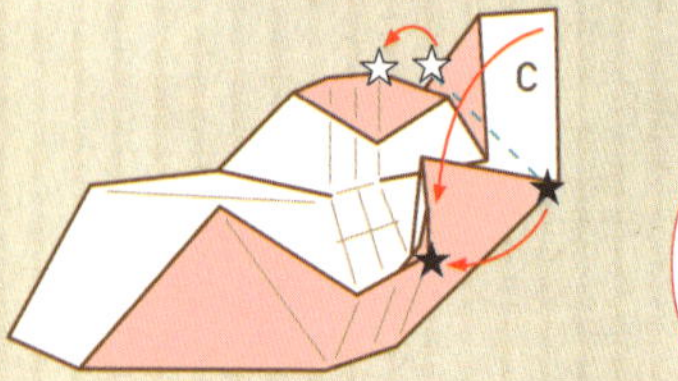

7. 종이의 안면을 안쪽으로 하고 ☆-☆, ★-★이 만나도록 접은 다음 C를 안쪽으로 접어요.

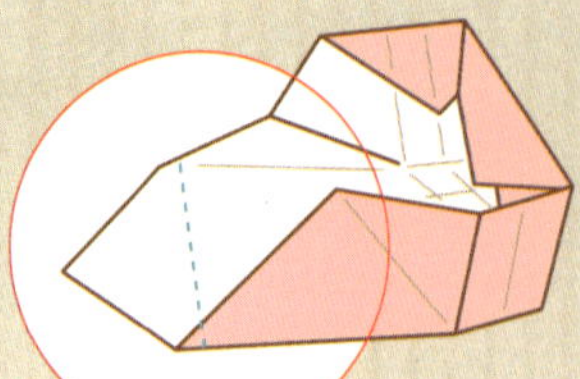

8. 반대쪽도 같은 모양으로 접어요.

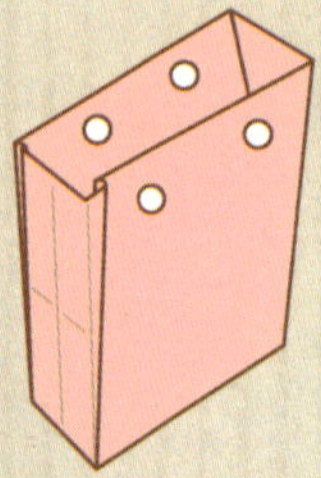

9. 펀치 등으로 그림과 같이 동그란 구멍을 뚫으세요.

10. 구멍에 리본을 넣어 손잡이를 만들면 완성.

54

Photo P115

리본 달린 종이봉투

종이 종류	약간 빳빳한 종이
종이 사이즈	가로 38cm×세로 48cm
그 밖의 재료	리본

가로 폭 18cm×너비 8cm×높이 20cm

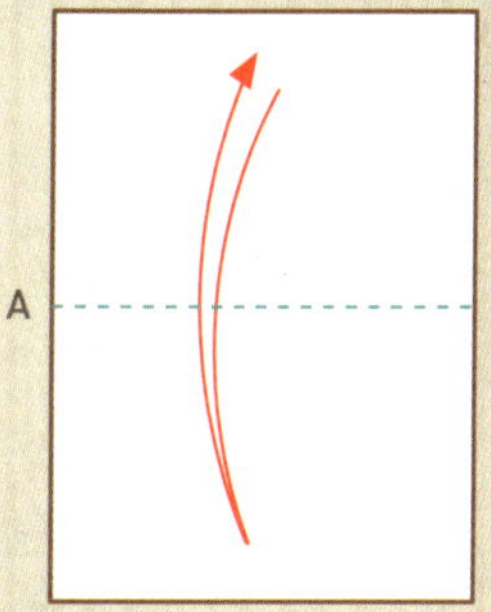

1. 종이의 안면을 안쪽으로 놓고 반으로 접어 점선을 만들어요.

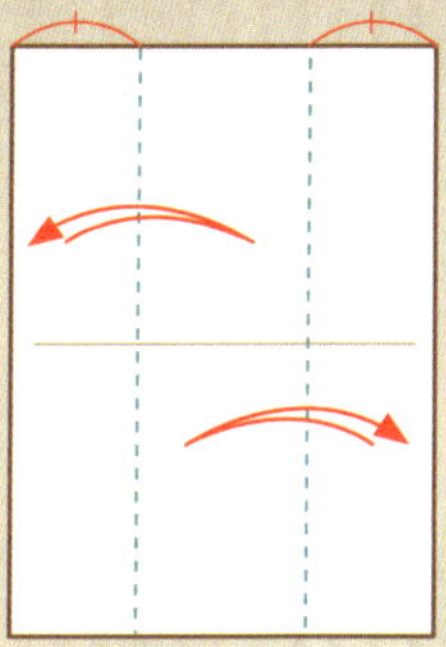

2. 양 끝에서 10cm 지점에서 점선을 만들어요.

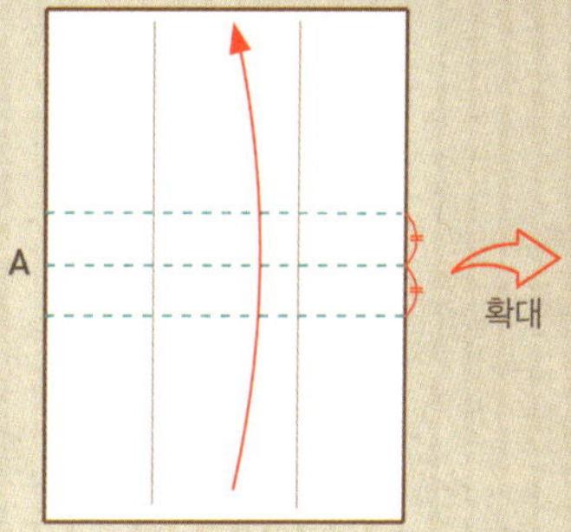

3. ①번 과정에서 만든 점선 A의 위아래로 4cm 떨어진 지점에 점선을 만들어요. 그 다음 A의 점선을 접어요.

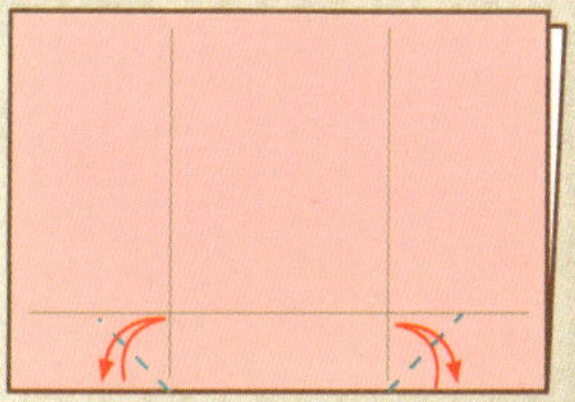

4. 그림과 같은 위치에서 점선을 만들고 종이를 다시 펼치세요.

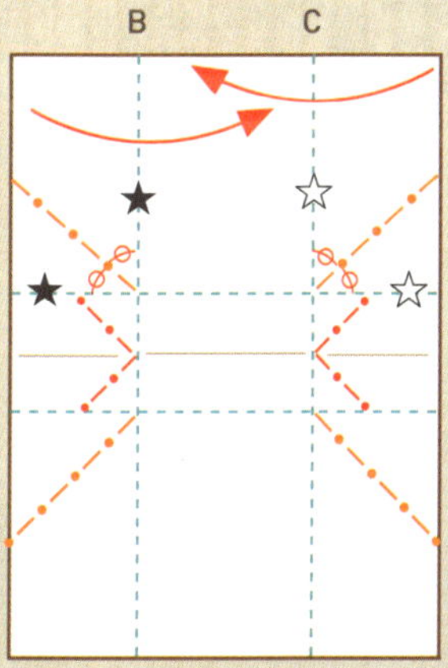

5. ☆과 ☆, ★과 ★이 닿도록 안쪽으로 접어 점선을 만들어요. 아래쪽도 같은 모양으로 만들고 다른 선을 확인하면서 B, C 순으로 접어 입체적으로 만들어요.

※ 붉은 점선은 ⑥번 과정에서 접을 때는 사용하지 않습니다.

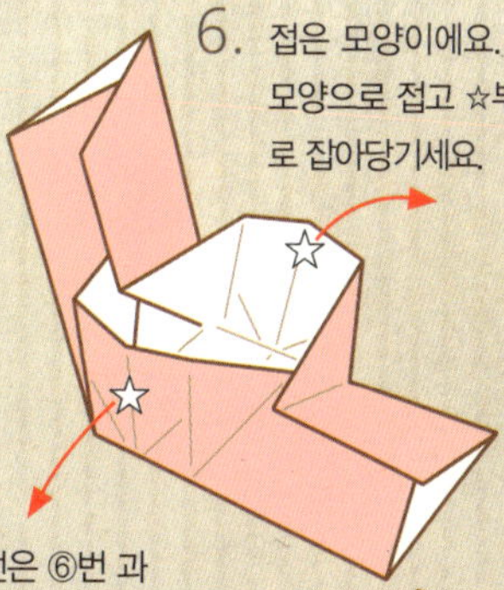

6. 접은 모양이에요. 반대쪽도 같은 모양으로 접고 ☆부분을 바깥쪽으로 잡아당기세요.

7. 위쪽의 종이가 겹쳐져 있는 부분에 구멍을 뚫어 리본으로 묶으면 완성.

감수 고바야시 카즈오(小林一夫)

도쿄 출생으로 일본 종이 전문점인 '유시마노 고바야시(ゆしまの小林)' 4대 점주이자, 종이접기회관 관장이기도 하다. 종이접기 및 일본 종이 염색 기술 등의 전시 · 연출을 통해 일본 종이 문화를 보급하기 위해 활발히 활동하고 있다. 종이접기 통신 교육 강좌를 실시하여 일본뿐 아니라 세계 각국에서의 종이접기를 통한 국제 교류와 일본 문화 소개에 앞장서고 있다. 저서와 감수서로는 〈종이접기·실뜨기·어린이의 놀이〉 〈실용 종이접기 백과(신세이 출판사)〉 등이 있다.

종이접기 소품

2010년 10월 25일 | 초판 1쇄 발행
2013년 7월 15일 | 초판 5쇄 발행

지은이 | 고바야시 카즈오
옮긴이 | 조경자
발행인 | 전재국
부문장 | 이광자

임프린트 대표 | 이동은
책임편집 | 박햇님
경영관리본부장 | 정유한
책임마케팅 | 노경석 · 윤주환 · 조안나 · 이철주
제작 | 정웅래 · 박순이

발행처 | 미호
출판등록 | 2011년 1월 27일(제321-2011-000023호)

주소 | 서울특별시 서초구 사임당로 82
전화 | 편집 (02)3487-1141 · 영업 (02)2046-2800
팩스 | 편집 (02)3487-1161 · 영업 (02)588-0835

ISBN 978-89-527-6020-3 13630

미호는 아름답고 기분 좋은 책을 만드는
(주)시공사의 임프린트입니다.